바른 신앙을 위한 교리 교육의 기본

52주 스터디
웨스트민스터 소요리 문답

김홍만 지음

생명의말씀사

52주 스터디
웨스트민스터
소요리 문답

ⓒ 생명의말씀사 2017

2017년 8월 10일 1판 1쇄 발행
2025년 4월 11일   10쇄 발행

펴낸이 | 김창영
펴낸곳 | 생명의말씀사

등록 | 1962. 1. 10. No.300-1962-1
주소 | 서울시 종로구 경희궁1길 6 (03176)
전화 | 02)738-6555(본사) · 02)3159-7979(영업)
팩스 | 02)739-3824(본사) · 080-022-8585(영업)

지은이 | 김홍만

기획편집 | 박미현, 장주연
디자인 | 조현진, 윤보람
인쇄 | 영진문원
제본 | 보경문화사

ISBN 978-89-04-02087-4 (03230)

저작권자의 허락 없이 이 책의 일부 또는 전체를
무단 복제, 전재, 발췌하면 저작권법에 의해 처벌을 받습니다.

52주 스터디
웨스트민스터 소요리 문답

머리말

교리 교육은 21세기 그리스도인들의 바른 신앙을 위한
근본적이며 필수적인 지식이다

    21세기를 사는 우리는 교회에서 성도의 영적 수준이 매우 낮은 상태를 경험하고 있습니다. 교인들에게 구원을 체험하기 위해서 성경의 교리를 어느 정도 알고 있어야 하는지 질문을 하면 충격적인 대답을 하곤 합니다. 실제로 삼위일체 교리를 모르는 경우도 있으며, 그리스도가 왜 필요한지조차 대답을 못하는 경우도 쉽게 만납니다. 그들이 가지고 있는 지식의 수준을 보면 그리스도인이라고 할 수 없을 때도 있습니다. 종교개혁 직전의 교회 상태가 그러했습니다. 성경적 구원에 대한 지식이 거의 없어서 예배는 미신적이 되었고, 자신들의 상상 속에 있는 우상을 성경의 하나님이라 생각했습니다. 그런데 오늘날에도 이러한 문제들을 우리가 만나고 있는 것입니다.

    이렇게 교리에 관한 지식의 수준이 낮으면 영적 수준도 낮아지게 됩니다. 이러한 상태에서는 이름뿐인 그리스도인들이 대부분이며, 성경적 구원을 체험하지 못한 자들이 교회의 다수를 차지하게 됩니다. 이런 교회는 영적인 능력은 물론이거니와 경건의 능력이 없습니다. 교회가 이렇게 영적으로 무지할 때 거짓 가르침과 이단의 가르침들은 더욱 기승을 부리고, 거짓 영적 체험을 조장하는 운동들이 유행하게 됩니다.

교회가 이렇게 경건의 능력을 잃어 가고 있을 때 종교개혁자들은 먼저 신앙에 있어서 가장 기본적인 가르침에 대해서 강조했습니다. 그리스도를 믿는 것에 근본적으로 필요한 가르침과 성령의 역사로 인한 구원의 체험에 대해서 설명했습니다. 마르틴 루터는 『소·대요리 문답서』(1529)를 작성해 교회에서 사용했고, 존 칼빈은 『기독교 강요』(1536-1559)와 『제네바 교리 문답서』(1542)를 작성해 교인들을 가르쳤습니다. 1563년에는 『하이델베르크 교리 문답서』가 작성되어 널리 소개되고 사용되었습니다.

교리 문답서들은 신앙에 있어서 가장 기본적인 지식의 내용과 범위를 말하고 있습니다. 이러한 목적으로 인해 교리 문답서들은 사도신경, 십계명, 주기도문을 공통적으로 다룹니다. 이것을 상세히 살펴보면, 사도

신경은 삼위 하나님의 구속 사역을 설명하는 것이고, 십계명은 구원받은 자가 지켜야 하는 생활 지침이고, 주기도문은 구원받은 자가 어떻게 기도해야 하는지를 말해 주는 것입니다. 한마디로 교리 문답서들은 하나님이 어떻게 구원의 은혜를 베푸시고, 구원받은 자가 어떻게 살아가야 하는가를 설명하는 것이라고 할 수 있습니다. 이것이 그리스도인이 알아야 할 가장 최소한의 지식입니다. 그런데 오늘날 교회는 영적 수준이 낮아서 최소한의 지식도 없이 교인이 되며, 심지어는 신학자들도 최소한의 지식에 대해서조차 어려워하고 있는 것입니다.

『웨스트민스터 소요리 문답』은 영국의 하원이 목회자와 신학자들을 소집해 작성한 것입니다(1646-1647). 소요리 문답을 작성한 목적은 가정에서 부모가 자녀들에게 신앙에 가장 필요한 최소한의 지식을 가르치게 하고, 그로 인해 자녀들에게 구원의 체험과 경건한 삶이 있게 하기 위한 것이었습니다. 소요리 문답을 작성했던 당시의 영국 교회는 잘못된 가르침이 유행해서 바른 신앙이 더욱 침식당하고 있었으며, 의식 중심의 영국 국교회가 더욱 정치적인 상황으로 치닫는 상황이었습니다. 그래서 의회는 가정에서부터 참된 신앙 교육이 이루어져야 영국이 하나님 앞에 바로 설 것으로 생각하고 소요리 문답을 작성했던 것입니다.

『웨스트민스터 소요리 문답』이 작성된 지 370년이 지난 오늘날에도 여전히 유용한 것은 이 문서가 가지고 있는 특징 때문입니다. 마르틴 루터나 존 칼빈의 교리 문답서 및 『하이델베르크 교리 문답서』에서 하나님의 구속 사역과 구원 백성의 의무를 다루는 전체 구조와 『웨스트민스터 소요리 문답』의 구조는 같습니다. 그러나 소요리 문답에서는 구속의 계획과 적용과 유익들을 보다 자세하고 탁월하게 다루고 있습니다. 또한 그

문서가 작성될 당시 도덕률 폐기론이 유행했기 때문에 도덕법에 대해서 자세히 다루고 있습니다. 따라서 소요리 문답은 21세기를 살고 있는 우리에게 바른 신앙을 위한 가장 근본적이며 필요한 지식을 제공할 뿐만 아니라 실제적으로 구원이 일어나게 하는 성령의 역사에 대해서 체계적으로 설명하고 있어서 매우 유용하다고 할 수 있습니다.

필자는 청교도 신학을 전공하고, 그 신학의 현대적 유용성에 대해서 연구하는 가운데 소요리 문답을 보다 쉽게 해설했습니다. 교리 문답 공부가 지루하고 어렵다는 편견을 없애기 위해 성경적이면서 체험적인 면을 강조해서 서술했습니다. 더욱이 교회에서 52주로 강론하거나 혹은 성경공부 교재로 사용할 수 있도록 만들었습니다. 소요리 문답의 교리 설명보다 더 중요한 것은 성경에 기록된 말씀입니다. 먼저 소요리 문답의 질문과 답을 주의 깊게 읽으십시오. 그다음에 해설을 읽고, 인용된 성경 구절들을 직접 찾아 그 의미들을 다시 한 번 깊이 생각하는 것은 이 책을 활용하는 좋은 방법이 될 것입니다.

필자는 이 책을 통해서 교리 공부가 어렵다는 생각이 개혁되기를 원합니다. 그리고 진정한 그리스도인이 되기 위한 가장 근본적이며 필수적인 지식을 획득하고, 성령의 역사로 인한 구원의 체험을 확실히 얻는 일에 이 책이 유용하게 사용되기를 간절히 바랍니다.

한국청교도연구소 소장
김홍만 교수(Ph.D.)

목차

머리말 •4

서론
1주 　서론 질문 1, 2, 3　　　　　　•14

1부　하나님에 관해 믿는 것
2주　하나님의 속성 질문 4　　　•22
3주　삼위일체 하나님 질문 5, 6　•27
4주　하나님의 작정 질문 7　　　•32
5주　창조의 사역 질문 8, 9　　　•36
6주　인간 창조 질문 10　　　　•40
7주　하나님의 섭리 질문 11　　•43
8주　인간과 맺으신 언약 질문 12　•47
9주　인간의 타락 질문 13　　　•51
10주　인간의 죄 질문 14, 15　　•54
11주　원죄의 전가 질문 16　　　•59

12주	타락한 인간의 상태 질문 17, 18	• 63
13주	인간의 비참한 상태 질문 19	• 67
14주	하나님의 구속의 계획 질문 20	• 71
15주	구속자 질문 21, 22, 23	• 75
16주	그리스도의 직무 질문 24, 25, 26	• 80
17주	그리스도의 낮아지심과 높아지심 질문 27, 28	• 86
18주	구속의 적용 질문 29, 30	• 91
19주	성령의 유효한 부르심 질문 31, 32	• 96
20주	칭의 질문 33	• 102
21주	양자 됨 질문 34	• 107
22주	성화 질문 35	• 111
23주	칭의, 양자 됨, 성화의 유익들 질문 36	• 116
24주	신자의 죽음 질문 37	• 120
25주	몸의 부활 질문 38	• 124

2부   하나님이 인간에게 요구하시는 의무

26주	우리의 의무가 계시됨 질문 39, 40	• 130
27주	우리의 의무의 요약 질문 41, 42	• 134
28주	십계명 서문 질문 43, 44	• 138
29주	제1계명 질문 45, 46, 47, 48	• 142
30주	제2계명 질문 49, 50, 51, 52	• 147
31주	제3계명 질문 53, 54, 55, 56	• 151
32주	제4계명 질문 57, 58, 59, 60, 61, 62	• 155
33주	제5계명 질문 63, 64, 65, 66	• 160
34주	제6계명 질문 67, 68, 69	• 165
35주	제7계명 질문 70, 71, 72	• 169
36주	제8계명 질문 73, 74, 75	• 173
37주	제9계명 질문 76, 77, 78	• 177
38주	제10계명 질문 79, 80, 81	• 181
39주	인간의 무능 질문 82	• 185

40주	죄와 형벌 질문 83, 84	• 189
41주	구원의 수단 질문 85	• 194
42주	믿음 질문 86	• 199
43주	생명에 이르는 회개 질문 87	• 204
44주	은혜의 외적인 수단 질문 88	• 209
45주	말씀 질문 89, 90	• 213
46주	구원의 수단으로서의 성례 질문 91, 92	• 217
47주	신약의 성례와 세례 질문 93, 94, 95	• 221
48주	주의 성찬 질문 96, 97	• 226
49주	기도 질문 98	• 230
50주	주기도문 서문 질문 99, 100	• 234
51주	첫째, 둘째, 셋째 간구 질문 101, 102, 103	• 238
52주	넷째, 다섯째, 여섯째 간구 질문 104, 105, 106, 107	• 243

서론

질문 1 인간 창조의 주된 목적
질문 2 믿음과 의무에 대한 유일한 규칙으로서의 성경
질문 3 성경에서 다루고 있는 주요한 두 주제

1주 서론

질문 1. 사람의 제일 되는 목적이 무엇입니까?

답 | 사람의 제일 되는 목적은 하나님을 영화롭게 하고, 영원토록 그분을 즐거워하는 것입니다.

질문 2. 우리가 하나님을 영화롭게 하고, 그분을 즐거워하기 위해서 하나님이 우리에게 주신 규칙이 무엇입니까?

답 | 신구약 성경에 기록된 하나님의 말씀은 우리가 하나님을 영화롭게 하고, 그분을 즐거워하기 위한 방법을 가르쳐 주는 유일한 규칙입니다.

질문 3. 성경이 가장 중요하게 가르치는 것이 무엇입니까?

답 | 성경이 가장 중요하게 가르치는 것은 사람이 하나님에 관해 믿는 것과 하나님이 사람에게 요구하시는 의무에 대해서입니다.

해 설

사람의 제일 되는 목적

사람의 창조에서 가장 주된 목적은 하나님을 영화롭게 하는 것이다(고전 10:31). 하나님은 그 존재에 있어서 영광스러우신 분이시며, 만물을 창조하시면서 자신의 영광을 드러내셨다(시 19:1-4, 145:10; 엡 3:10). 따라서 모든 피조물은 하나님의 완전하심과 선하심에 대해서 마땅히 찬양을 드려야 한다(시 50:23).

더욱이 피조물 가운데 으뜸으로 만드신 사람이 하나님을 영화롭게 하는 것은 마땅한 본분이다(마 5:48). 사람이 하나님을 영화롭게 하는 것은 먼저 하나님을 갈망하고 구하는 것이다(시 73:25-26). 그리고 하나님이 죄인을 구속하기 위해 마련하신 구원의 은혜를 받아들이고 의지하는 것이다(요일 5:10). 하나님이 지시하신 대로 예배하는 것, 하나님을 찬양하는 것, 하나님이 명령하신 대로 순종하는 것이 하나님을 영화롭게 하는 것이다(시 96:7-9; 고전 6:20; 마 5:16, 7:21). 하나님께 감사하는 것도 사람을 만드신 목적을 이행하는 것이다(잠 16:4; 시 66:8-9; 고전 6:19-20; 시 103:1-5). 결국 우리는 우리의 모든 행위 가운데 하나님을 영화롭게 해야 한다(고전 10:31).

사람의 창조에 있어서 스스로와 관련된 주된 목적은 하나님을 영원토록 즐거워하는 것이다. 하나님을 즐거워한다는 것은 하나님과 교제를 가지며, 그 안에서 기뻐하는 것이다(시 73:25-26). 믿음으로 주를 붙잡고 의지하는 것이 하나님을 즐거워하는 것이다. 즉 그리스도 안에서 하나님이 주시는 유익을 누리면서 즐거워하는 것이다. 이렇게 주를 의지하는 가운데 그 영혼은 하나님의 선하심을 경험하고, 하나님의 특별한 사랑을 깨닫게 된다(사 34:8). 그래서 그 영혼은 더욱 주를 의지하고, 장차 영원한 영광 가운데 있게 될 것을 확신하게 되는 것이다. 이 즐거움은 하나님의 임재 안에서 말할 수 없는 행복을 느끼는 것이다(시 116:7).

이 두 가지 사람의 목적은 매우 중요한 것으로서 그 어떤 의무보다 앞서며 서로 연결되어 있다. 하나님을 영화롭게 하려고 수고함으로써 후자의 것을 얻을 수 있다. 이 땅에서 거룩함을 추구함으로써 천국에서 행복을 얻는 것과 마찬가지 원리이다. 이 땅에서 하나님을 영화롭게 하는 것을 원하지 않는 자는 하나님을 즐거워할 수 없다(히 12:14; 마 5:8).

하나님의 말씀

우리가 하나님을 영화롭게 하고 영원토록 그분을 즐거워하기 위해서는 규칙이 필요하다(렘 10:23). 따라서 하나님이 인간에게 규칙을 주셨는데 그 규칙은 바로 성경이다(사 8:20). 하나님은 선지자들에게 말씀하셨고, 그들이 백성에게 하나님의 말씀을 전하도록 하셨다. 그리고 성령의 감동으로 기록되게 하셨다. 이렇게 기록된 성경은 인간의 말이나 글이 아니다(딤후 3:16; 벧후 1:21). 성경은 하나님의 거룩하고 순전한 말씀이다(시 12:6).

성경은 오실 메시아를 증거하고 있는 구약과 오신 메시아를 나타내고 있는 신약으로 되어 있다. 성경은 기적으로, 그리고 순교자들의 피로 확증되어 있다(히 2:4). 더욱이 성령이 직접 증거하고 계신다(요일 2:20). 성경은 하나님의 감동으로 된 것으로, 그것을 연구하고 가르칠 때 성령이 역사하심으로 회개와 믿음이 일어나며, 심령에 변화가 일어난다(히 4:12). 이는 성령이 하나님의 말씀을 수단으로 해서 그 영혼 위에 일하신 결과이다(시 119:18; 요 3:3; 행 16:14; 엡 1:17-19; 살전 1:5).

성경은 우리가 믿고 실천해야 할 모든 교리를 충분히 담고 있기 때문에 우리가 하나님을 영화롭게 하고 영원토록 그분을 즐거워하기 위한 방법을 가르쳐 주는 유일한 규칙이 된다(갈 6:16; 딤후 3:15-16).

성경의 주된 내용

성경이 우리에게 가르쳐 주는 것은 먼저 하나님에 관한 것이다. 우리는 성경을 통해서 하나님을 아는 지식을 얻게 되는데, 그것은 창조주 하나님과 구속자 그리스도를 아는 지식이다. 이러한 하나님을 아는 지식은 우리에게 믿음을 갖게 하는 데 반드시 필요하다. 만약 성경을 통해 하나님을 아는 지식이 없거나 부족한 상태라면 올바른 믿음을 가질 수 없다. 하나님을 아는 지식이 불충분하다면 그것은 인간의 상상력과 이기적인 목적으로 성경의 하나님이 아니라 자신이 만든 우상적인 신을 섬기는 것에 해당된다.

성경이 또 하나 우리에게 가르치는 것은 하나님에 대한 의무이다. 성경에는 하나님의 법과 계명이 들어 있다. 그것을 통해서 우리의 의무를 깨닫고 실천하는 것이다(마 7:17). 따라서 성경을 읽으면서 우리의 마음의 눈을 열어서 진리를 볼 수 있도록 구해야 한다(시 119:18). 그리고 보다 깊은 영적 이해가 있도록 구해야 한다(행 18:26). 또한 하나님이 인간에게 요구하시는 의무를 분명히 깨닫고 실천해야 한다.

성경만이 유일한 규칙이다

성경은 믿음과 의무에 대한 유일한 규칙이다. 이 규칙은 하나님이 자신이 어떻게 영광을 받는지에 대해서 인간에게 보여 주신 것이다(미 6:6-9; 마 11:25-28). 성경은 하나님에 대한 지식과 하나님의 뜻을 알기에 충분한 것이며(갈 1:8; 요 5:39), 완전한 것이다(딤후 3:15-17). 또한 성경의 내용은 분명해서 성령의 깨닫게 하시는 영향력 아래서 깨달을 수 있는 것이다. 인간의 철학이나 과학을 통해서는 하나님을 아는 지식을 얻을 수 없으며, 오직 성경을 통해서만 얻을 수 있다.

사람의 제일 되는 목적이 무엇입니까?
사람의 제일 되는 목적은 하나님을 영화롭게 하고,
영원토록 그분을 즐거워하는 것입니다.

1부
하나님에 관해 믿는 것

하나님	**질문 4** 하나님의 속성
	질문 5-6 삼위일체
하나님의 작정	**질문 7** 하나님의 작정의 성질
	질문 8-12 하나님의 작정의 실행
	질문 13-19 아담의 타락
구속의 섭리	**질문 20-23** 구속의 계획
	질문 24-28 구속주의 삼중 직분
	질문 29-30 구속의 적용
	질문 31-38 구속의 유익

2주 하나님의 속성

질문 4. 하나님은 어떤 분이십니까?

답 | 하나님은 영이시며, 무한하시고, 영원하시고, 불변하시고, 존재하고 계시며, 그 본질 안에 지혜와 능력과 거룩함과 공의와 선하심과 진리가 있습니다.

해 설

살아 계신 하나님

우리는 하나님이 계시다는 것을 본성과 자연으로부터 알 수 있다. 하나님이 그 개념을 인간의 마음에 심어 놓으셨기 때문이다. 따라서 사람이 만약 하나님이 계시지 않다고 말하는 것은 하나님의 신성에 도전하는 것이며, 그 양심에 두려움이 임하는 일이다.

우리는 하나님이 계신 것을 그분이 하신 일을 통해서도 알 수 있다(시 19:1, 100:3). 따라서 무신론자일지라도 하나님이 하신 일들에 대해서 생각해 본다면 하나님의 능력과 지혜를 인정하지 않을 수 없다. 모든 만물을 지으신 것과 그것을 운영하시는 하나님의 섭리를 생각할 때, 하늘과 땅이 하나님의 영광을 드러낼 때 그것을 설계하시고, 지으시며, 다스리시는 하나님의 지혜와 능력을 찬양하게 된다.

그러나 사람이 죄를 지음으로 말미암아 부패와 영적 어두움이 자리를 잡아서 전능하신 하나님을 찾지도 않으며, 자신들의 상상력으로 거짓 하나님을 만들고 우상을 섬기게 되었다.

무한하신 하나님

어떤 피조물도 하나님을 완전히 알 수 없다. 다만 하나님이 우리에게 반드시 필요한 하나님에 대한 지식을 얻을 수 있도록 성경 안에 자신을 계시해 주셨기 때문에 우리는 하나님을 알 수 있다.

하나님의 존재에 대해서 알아보면, 먼저 하나님은 영이시다. 영이시라는 것은 물리적인 몸이 있지 않으시다는 것이다(요 4:24). 우리는 하나님을 눈으로 볼 수 없다(딤전 1:17). 물론 성경에서는 하나님이 눈과 귀가 있는 것처럼 말하지만(시 34:15) 그것은 하나님의 무한한 분별력을 이야기하는 것이다.

물론 천사도 영적 존재이며, 인간도 영혼을 가지고 있지만 그것은 피조된 영들이며, 전적으로 하나님께 의존되어 있는 것이다. 하나님은 피조되지 않은 영이시며, 그 어떤 것에 의존되어 있지 않으시다.

또한 천사와 인간의 영혼은 피조된 영들로서 유한하지만 하나님은 무한하신 영이시다. 무한하시다는 것은 측량할 수 없으시며, 한계가 없으시다는 것을 의미한다. 하나님은 존재와 완전함에 있어서 무한하시다. 따라서 우리가 온전히 이해할 수 없다(욥 11:7). 그래서 하나님은 공간의 지배를 받지 않으시며, 어느 곳에나 편재하신다(렘 23:24).

그리고 시간에 있어서 제한을 받지 않으시기 때문에 영원하시다(딤전 1:17). 하나님이 영원하시다는 것은 시작도 없으시며 끝도 없으시다는 것이다. 하나님은 세상이 있기 전부터 계셨으며, 시간이 존재하기 이전에 계셨다. 따라서 하나님은 절대적인 존재이시다. 그래서 모든 존재하는 것은 전적으로 하나님께 의존되어 있는 것이다.

하나님이 불변하시다는 것은 그분의 성품과 본질에 관련된 것이다(시 102:25-27). 특별히 하나님은 하나님의 계획과 목적에 있어서 불변하시고, 특정 대상을 사랑하시는 것에 있어서 불변하시다(사 46:10; 롬 11:29; 약 1:17).

공의로우시며 거룩하신 하나님

하나님의 본질 안에는 지혜와 능력과 거룩함, 공의, 선하심, 진리가 있다. 이것은 하나님이 어느 정도 피조물들에게 전달해 주신 하나님의 본질적 속성들이다.

하나님의 지혜는 모든 것을 가능하게 하는 완전한 지식이며, 피조물들을 다양하고 아름답게 만드신 것에 나타나 있다(시 104:24). 그리고 아들을 통해서 우리를 구속하시는 방법에도 나타나 있으며(고전 2:6-7), 모든 피조물을 다스리시는 가운데서도 나타난다.

하나님의 능력은 그분이 행하신 것으로부터 알 수 있다. 하나님은 모든 것을 만드셨으며(롬 1:20), 기적을 행하시며, 교회를 지키신다(마 16:8).

그리고 하나님의 능력은 모든 만물을 유지하시는 것과(히 1:3) 자신의 성도들을 보존하시는 것에서도 나타난다(벧전 1:5).

하나님의 거룩함은 무한한 순수함을 의미한다. 그렇기 때문에 하나님은 더러움과 오염된 것으로부터 완전히 자유로우시며 죄와 더러움을 미워하신다. 그리고 자신의 택한 백성을 구원하시는 목적은 그 백성을 죄와 더러움 가운데서 건지시고 거룩함을 추구하게 만드시기 위함이다.

하나님의 공의는 무한한 의로움으로 그분의 모든 피조물을 다루시는 것이다. 하나님은 공의로 불의한 자들을 심판하신다. 그러므로 자신의 백성을 건지실 때 공의를 만족시키시기 위해서 우리를 대신해 자신의 아들인 그리스도께 모든 불의를 전가해서 심판하신 것이다(사 53:5). 그리고 하나님은 진노의 날에 불신자들의 죄들에 대해서 심판을 행하실 것이다(살전 1:7-9). 반면 자신의 백성에게는 그리스도께서 주시는 유익을 통해 상을 주실 것이다(마 5:12). 그리고 지금 이 세상에서 사람들의 죄들에 대해서 일시적인 심판을 행하고 계신다(단 9:7).

하나님의 선하심은 하나님이 모든 선한 것의 저자이심을 보여 준다(시 119:68). 하나님의 선하심은 그분이 만드신 피조물에 나타나 있다(창 1:31). 그리고 자신의 선택한 백성을 구속하시고, 죄를 용서하시며, 양자로 삼으시고, 거룩하게 하시는 것에 나타나 있다(출 24:6-7).

하나님의 진리는 신실하시고 거짓이 없으신 데서 알 수 있다(딛 1:2). 따라서 하나님이 계시하신 진리는 흠이 없는 것이다(딤후 1:13).

신실하신 하나님

하나님의 신실하심은 하나님의 완전한 속성에서 나오는 것이다. 하나님은 자신이 약속한 것을 반드시 이루시고 성취하신다(신 32:4; 출 34:6).

특별히 하나님의 말씀에서 자신의 섭리에 대해서 증거하고 계신다. 우리는 하나님의 섭리에서 하나님의 신실하심을 확인할 수 있다(창 8:22; 시 25:10; 시 111:7-9).

또한 하나님의 수많은 약속이 성취된 것을 성경에서 볼 수 있다(삼하 7:26; 히 10:23). 그리고 하나님이 경고하셨던 것을 실제로 이행하셔서 그분의 백성이 바벨론 포로로 끌려갔으며, 또한 약속하신 대로 그들을 바벨론 포로에서 건져 주신 것들을 성경에서 확인할 수 있다. 이처럼 신실하신 하나님은 우리에게 예수 그리스도의 다시 오심과 마지막 심판에 대해서 말씀하신다. 따라서 우리는 이 땅에서 그리스도를 믿는 것과 그리스도를 주로 섬기고 따라가는 것의 중요성을 다시 한 번 확인해야 한다.

3주 삼위일체 하나님

질문 5. 하나님 한 분 외에 다른 하나님이 계십니까?

답 | 오직 한 분이시며, 살아 계시고 참되신 하나님만 계십니다.

질문 6. 하나님의 신격에는 몇 위가 계십니까?

답 | 하나님의 신격에는 성부와 성자와 성령, 즉 삼위가 계십니다. 삼위는 본질이 동일하고 능력과 영광이 동일한 하나의 하나님이십니다.

해 설

한 분이신 하나님

하나님이 계시다는 것이 분명한데도 하나님의 존재하심을 믿지 않는 자들은 하나님의 엄중한 심판을 느낄 것이다(신 4:39; 사 45:21). 하나님은 모든 존재하는 것의 제1원인이시다. 그래서 모든 만물이 하나님께 의존해 있다. 하나님은 그들에게 생명력을 주시고 존재하게 하신다. 따라서 모든 거짓 신을 섬기는 것은 심각한 죄이다. 한편으로 하나님은 거짓 신을 예배하고 섬기는 자들을 혼미하게 만드셔서 심판하시는 것이다(살후 2:11).

하나님은 한 분이시기 때문에 바른 신앙은 하나일 수밖에 없다(엡 4:5). 따라서 다른 종교를 통해서는 구원을 받을 수 없다. 환상적인 방법으로 거짓 신앙들을 만들어 내는 것은 거짓 신을 세우는 것으로, 하나님의 심판을 불러일으킨다. 하나님은 모든 거짓 신과 구별되시며, 진정으로 은혜를 깨닫는 자는 우상을 버리고 하나님께로 돌아선다(살전 1:9). 모든 생명이 살아 계신 하나님 안에 있으며, 하나님으로부터 오기 때문에 하나님을 찾고 구해야 한다(딤전 6:13, 15-16).

성경은 하나님이 한 분이시라는 것을 확증해 말하고 있다(신 4:4; 갈 3:20; 시 86:10; 고전 8:6). 즉 하나님 한 분 외에 다른 신들을 섬겨서는 안 된다는 것이다(신 32:39; 사 43:10, 44:6-8, 45:5-6). 하나님이 한 분이시라는 것은 오직 하나님만이 모든 것의 원인이시며, 모든 것의 최종적 목적이시라는 것이다. 따라서 하나님이 한 분이시라는 것은 오직 하나님만 기쁘시게 해드려야 하고 하나님께 감사해야 하는 것을 의미한다.

우리는 하나님의 뜻에 맞게 살려고 애씀으로 하나님을 기쁘시게 해드린다. 그리스도께서는 아버지의 뜻을 따르셨다(요 4:34). 우리는 하나님이 우리에게 명령하신 것을 행함으로 하나님을 기쁘시게 한다. 또한 우리의 마음을 드림으로, 그리고 한 분이신 하나님께 기도함으로 하나님을 기쁘시게 해드린다(요 17:21). 기도는 예배의 부분이기 때문에 반드시 드려야 하는 것이다. 그러나 한 분이신 하나님 이외의 것을 섬기는 것은 모두 우상 숭배이다. 우리가 이 땅에서 거짓 신을 믿지 않는다 할지라도 돈을 최고로 여기고 사랑한다면 그것은 우상 숭배이다(딤후 3:4; 엡 5:5). 또한 자식을 최고로 생각하거나 자신의 배를 섬기는 것도 우상 숭배이다(빌 3:19; 요일 2:16).

살아 계시고 참되신 하나님

살아 계신 하나님이시라는 것은 하나님이 스스로 계시며, 모든 자연적인 것과 영적인 것, 그리고 영원한 생명의 원인이시라는 것이다(행 17:28; 엡 2:2; 골 3:3-4).

참되신 하나님이시라는 것은 모든 거짓 신으로부터 구별이 되신다는 것이다. 참되시다는 것은 하나님이 실제로 존재하시며, 진리 가운데 계시며, 상상이나 생각으로 만들어지신 것이 아니라는 것이다. 왜냐하면 우상들은 인간의 상상과 생각으로 만들어진 것인데, 하나님은 그러한 거짓 신과 구별되시기 때문이다. 살아 계신 것과 참되신 것은 서로 연결되어 있는데, 이것은 하나님의 속성에서 분리될 수 없기 때문이다. 살아 계신 하나님만이 유일하게 참되신 하나님이시며, 참되신 하나님만이 살아 계신 하나님이시다(살전 1:9).

삼위일체

하나님은 한 분이시지만 하나의 본질 안에 구별되는 세 위격이 계신다(요일 5:7). 이것은 신성한 비밀로서 인간의 자연적 빛으로 발견할 수 있는 것이 아니다. 본질에 있어서 삼위는 하나이시다. 즉 삼위는 신적 성질이 같으시다. 그래서 삼위에 있어서 정도가 있는 것이 아니다. 삼위는 상호 간의 연합으로 계신다. 삼위에 있어서 지혜와 거룩함과 능력에 있어서 차이가 있는 것이 아니다.

첫째 위격은 '성부'라 부르고, 둘째 위격은 '성자', 셋째 위격은 '성령'이라고 부른다. 삼위일체 교리는 우리의 구원을 이해하기 위해서 필수적인 것이다. 성부가 선택하시고, 선택한 백성을 위해서 성자가 구속의 사역을 행하신다. 그리고 성령은 구속의 은혜가 실제로 택한 자에게 일어나도록 적용하신다. 따라서 삼위일체 교리를 거부하는 것은 구원의 도를 거부하는 것과 같다.

각 위가 하시는 일의 구별

모든 것의 완전함은 성부에게 기인한 것으로 본다(요 5:26). 모든 것을 계획하시고 뜻을 가지고 계신 것은 성부에게로 돌린다(요 12:27-28). 한편으로 영원한 구속을 마련하셨으며(히 9:12), 죄를 용서하시고(막 2:5), 마지막 날에 죽은 자를 살리시며(요 5:28-29), 세상을 심판하시는 것(롬 14:10)에 대해서는 성자의 사역으로 돌린다. 삼위 가운데 성령의 사역으로 구별되는 것은 구속의 은혜를 유효하게 적용하시는 것이다(엡 1:13).

이렇게 각 위가 하시는 일을 구별하고, 삼위일체에 대한 지식이 필요한 이유는 하나님의 구원 사역을 이해하기 위한 것이다. 하나님의 선택된 백성에게 어떻게 해서 구원이 일어나며, 실제로 일어났는가를 알기 위한 것이다. 물론 이것을 지식적으로 아는 것이 구원은 아니다. 지식적으로 아는 것과 함께 실제로 구원이 일어나게 하시는 성령의 유효한 역사가 있어야 한다. 따라서 삼위일체 교리는 추상적이며 철학적인 것이 아니라 영적인 것이다.

더욱이 삼위일체 교리는 신자의 삶과 직접적인 관련을 가진다. 신자가 예배할 때 성자 안에서 성령에 의해서 성부에게 예배하는 것이며, 기도할 때에도 성자의 이름으로 성령의 도우심 가운데 성부에게 구하는 것이다(엡 2:18, 5:20).

삼위일체 교리는 오직 성경에서만 발견되는 것이며, 삼위 하나님이 자신의 백성을 어떻게 구원하시는가를 보여 주는 것이고, 신자의 믿음의 규칙이 이 가르침에 근거하고 있음을 가르쳐 주는 것이다.

4주 하나님의 작정

질문 7. 하나님의 작정이 무엇입니까?

답 | 하나님의 작정은 그분의 계획의 경륜에 따른 영원한 목적입니다. 이를 통해 하나님의 영광을 위해 앞으로 이루어질 모든 일을 미리 정하신 것입니다.

해 설

하나님의 계획

성경에서 하나님의 계획에 대해서 말하는 것은 주로 성부와 관련이 있다(요 10:18, 12:49, 17:6). 하나님은 영원하시며 무한한 지혜와 능력이 있어 처음부터 모든 것을 포함한 하나의 계획을 가지고 계신다. 결국 이것은 하나님의 언약으로 나타났으며, 삼위 하나님은 이 하나의 계획을 실행하고 계신 것이다. 하나님이 계획을 가지고 계시다면, 그것은 절대적으로 의로운 것이다. 그리고 하나님은 절대적인 주권으로 계획의 목적을 위해 계획을 성취하고 계신다. 그 목적 역시 하나이다. 하나님은 하나의 계획을 가지고 계시지만 그 계획은 모든 목적과 수단과 조건을 포함하고 있는 것이다.

하나님의 작정

하나님의 작정은 복수로 되어 있지만 하나로 연합되어 있다. 마치 거미줄과 같이 얽혀 있는 것이다. 이렇게 복합적인 것이 실패 없이 성취되는 이유는 하나님이 일어날 일들을 미리 정하셨기 때문이다. 하나님의 작정은 앞으로 이루어질 일들을 영원 전에 계획하시고, 미리 명하시고, 정하시고, 결정하신 것이다. 하나님은 자신의 뜻과 의지에 따라 무엇에도 영향받지 않으시고, 가장 자유롭고 현명하게 모든 행사를 작정하셨다(엡 1:11). 따라서 하나님은 자신의 계획에 따라서 작정하신 것이다. 이 작정은 하나님의 지혜로부터 나온 것이므로 인간이 왈가왈부할 수 있는 성질이 아니다.

작정의 목적

하나님의 작정의 목적은 하나님 자신의 영광을 나타내는 것이다(롬 11:36; 엡 1:5-6, 12). 이때 하나님의 영광은 하나님의 은혜와 자비를 나타내며, 한편으로는 하나님의 공의와 심판의 엄중함을 드러낸다(롬 9:15-23, 11:36; 계 4:11). 따라서 하나님의 선택된 백성이라면 구원의 수단들을 부지런히 사용하는 자로서 거룩함이 드러나게 되어 있다(엡 1:5; 살후 2:13).

그러나 자신이 하나님의 선택된 백성이라고 하면서 은혜의 수단을 사용하는 것에 주의를 기울이지 않고(설교와 하나님의 말씀과 기도의 수단을 사용하지 않는 자들을 의미한다), 그 삶 속에 성화의 효과 혹은 증거가 없다면 그는 하나님의 공의에 의해서 심판에 이를 자가 되는 것이다. 따라서 작정의 목적을 생각하는 것은 악한 자에게 죄의 생활을 버리고 하나님께로 돌아서서 거룩한 삶을 살도록 도전을 준다.

작정의 종류

하나님의 작정은 일반 작정과 특별 작정이 있다. 하나님의 일반 작정은 하나님의 영원한 목적으로 세워진 것인데, 하나님은 그것으로써 앞으로 이루어질 모든 일을 미리 정하셨다. 그리고 하나님은 모든 피조물의 존재와 활동과 행위, 그리고 선한 행위뿐만 아니라 모든 악한 행위의 허용까지도 미리 정하셨다(행 4:27-28).

하나님의 특별 작정은 구원하실 백성의 선택과 버리실 자에 대한 작정을 말한다. 하나님의 선택에 관한 작정은 그분의 영원하고 불변한 계획을 말한다. 하나님은 그분의 기뻐하심에 따라 어떤 사람들을 그리스도 안에서 택해 끝날에 영원한 생명과 복락에 이르게 하셨으며, 거기에 이르는 수단으로 믿음과 거룩을 부여하심으로 그분의 지극히 부요한 은혜를 찬양하게 하셨다(엡 1:4-6). 반면 유기에 대한 작정은 선택받지 못한 자들을 그들의 죄에 따라 멸망받도록 버려두어 결국 영원한 형벌의 날에 진노를 받게 해 하나님의 무한한 공의를 나타낸다.

이러한 하나님의 작정에서 선택된 자는 예견된 선행 때문에 선택된 것이 아니며, 유기된 자도 예견된 악행으로 유기된 것은 아니다. 따라서 선택된 자는 성령의 유효한 부르심에 의해서 성화의 효과가 분명히 나타남으로 알 수 있다. 그리고 유기된 자, 또는 버림받은 자는 하나님의 은혜의 수단 아래에 있었지만 그것을 남용하고 오용해서 결국 타락하거나 배교함으로 알 수 있다.

모든 것을 정하신 증거들

성경은 하나님이 자신의 목적에 따라 세상에 일어나는 일들을 주관하고 계심을 말하고 있다(시 33:10-11; 행 2:23; 엡 1:11). 하나님은 우리가 거주할 곳과 우리의 생명까지 정하셨다(욥 14:5; 행 17:26). 또한 하나님은 우리의 마음을 주관하신다(잠 19:21, 21:1; 사 46:10-11; 출 7:3, 9:12; 빌 2:13). 그리고 우리를 구원하셔서 거룩하게 하심으로 영원한 목적을 이루신다(엡 1:4-6, 2:10).

고난 가운데 작정을 묵상하는 유익

우리는 생명과 관련된 모든 것에서 하나님을 인정해야 한다. 우리는 마음에 하나님을 항상 인정해야 한다. 그리고 하나님의 계획이 있음을 인정하고 인내해야 한다. 특히 시험의 기간 가운데 인내해야 한다. 그리고 하나님의 은혜의 수단들을 열심히 사용해야 한다. 왜냐하면 수단들은 목적과 연결되어 있기 때문이다. 소망을 가지고 진리가 승리할 것을 확신해야 한다.

5주 창조의 사역

질문 8. 하나님은 자신의 작정을 어떻게 실행하십니까?

답 | 하나님은 자신의 작정을 창조와 섭리의 사역을 통해 실행하십니다.

질문 9. 창조의 사역이 무엇입니까?

답 | 창조의 사역은 하나님이 6일 동안 아무것도 없는 가운데서 능력의 말씀으로 모든 것을 선하게 만드신 일입니다.

해 설

작정의 실행

하나님의 작정은 하나님의 본질 가운데 있는 것으로서 불변의 것이다. 따라서 하나님의 계획은 반드시 실행된다. 하나님은 영원 전에 행하고자 계획하셨던 것을 실행하신다. 하나님은 영원 전부터 만물을 만들기로 작정하셨고, 그에 따라서 모든 만물을 지으셨다(계 4:11). 그리고 하나님은 만물을 보존하시고 다스리시는 섭리 사역을 통해서 작정을 실행하신다(단 4:35).

창조의 사역

'창조'라는 단어는 아무것도 없는 가운데 무엇을 만드는 것을 의미한다. 이것은 이미 있던 것을 형태를 갖추게 만드는 것과는 다르다. 하나님은 이미 존재해 있는 것을 형태로 있게 하신 것이 아니라, 아무것도 없는 가운데서 모든 것을 존재하게 하신 것이다(창 1:1; 요 1:3; 롬 11:36; 고전 8:6; 계 4:11). 만약 우주의 모든 만물이 스스로 존재해 있다고 가정한다면 그것은 하나님의 통제에서 벗어나 독립적으로 움직일 것이다. 그러나 모든 만물은 하나님이 만드셔서 하나님의 지배 아래에 있다.

하나님은 말씀으로 만드셨다

하나님은 말씀으로 창조하셨다. 만약 사람이 무엇인가를 만들려면 재료와 도구가 있어야 한다. 그러나 하나님은 이러한 것들이 필요하지 않으셨다. 하나님은 말씀으로 하늘과 땅을 만드셨다(시 33:6). 하나님의 능력의 말씀으로 아무것도 없는 가운데서 모든 것을 만드셨다(요 1:3). 예수님도 말씀으로 바다를 잔잔하게 하셨다(마 8:26-27).

하나님이 만드신 것은 완전한 것이다

하나님이 처음에 만드신 것은 결함이 없었으며, 완전한 것이었다. 하나님의 전능한 능력으로 만들어졌기 때문이며, 하나님의 뜻과 목적은 항상 선하기 때문이다. 그래서 하나님은 그 지으신 것을 보시고 심히 좋아하셨다(창 1:31). 그러나 인간의 타락으로 죄가 세상에 들어왔고, 죄는 피조물을 고통 가운데 몰아넣었다(롬 8:22).

6일 창조

하나님은 모든 만물을 한순간에 다 만드실 수 있는 분이시지만, 6일 동안에 세상을 창조하셨다. 그리고 일곱째 날에는 쉬셨는데, 이것은 우리로 하나님의 창조의 질서를 이해할 수 있게 하는 것이다.

하나님은 첫째 날에 하늘을 창조하셨고, 땅과 물을 창조하셨다. 그리고 빛을 창조하셨다(창 1:1-5). 둘째 날에는 궁창을 창조하셨고, 궁창 위에 있는 물과 궁창 아래에 있는 물로 나누셨다(창 1:6-8). 셋째 날에는 땅에 덮여 있는 물을 한곳으로 모으셔서 바다라 칭하셨고, 마른 땅을 육지라 하셨다(창 1:9-13). 넷째 날에는 해와 달과 별들을 만드셔서 하늘에 두셨다. 이것으로 밤낮을 주관하고, 계절과 날들과 연수를 있게 하기 위해서 운동과 직책과 용도를 부여하셨다(창 1:14-19). 다섯째 날에는 물들로부터 물고기들을, 창공에서는 나는 새들을 만드셨다(창 1:20-23). 마지막으로 여섯째 날에는 모든 짐승과 땅에 기는 것들을 만드셨다. 그리고 최초의 인간을 만드셨다(창 1:24-31).

창조의 목적

하나님이 모든 만물을 만드신 것은 자신의 영광을 드러내시기 위해서이다(시 33:6; 계 4:11). 세상의 만물을 통해서 하나님의 능력과 선하심을 볼 수 있다. 모든 만물이 질서 있고 다양성 있게 지어진 것을 볼 때 우리는 하나님의 지혜를 찬양하게 된다(시 104:24). 하나님은 모든 것을 지으시고, 마지막으로 인간을 만드셨다. 인간에게 필요한 모든 것을 공급해 주시는 하나님의 선하심이 창조에서 나타난다.

우리는 창조의 목적으로부터 하나님의 능력과 지혜와 선하심에 대해서 확신할 수밖에 없다. 더욱이 하나님이 우리의 부족을 채우기 위해서 무엇이든지 만드실 수 있다는 믿음을 가지게 된다. 따라서 광야에서 어떻게 식탁을 베푸시겠느냐는 의문을 가져서는 안 된다(시 78:19).

6주 인간 창조

질문 10. 하나님이 사람을 어떻게 창조하셨습니까?

답 | 하나님은 사람을 남자와 여자로 만드시되 자신의 형상대로 지식과 의와 거룩함으로 창조하셔서 모든 피조물을 다스리도록 하셨습니다.

해 설

남자와 여자

하나님이 사람을 남자와 여자로 창조하신 것은 서로 돕고 번성하게 하시기 위해서였다(창 1:27-28). 하나님은 아담을 만드실 때에는 흙에서 취해 만드셨고, 하와는 아담의 갈비뼈로 만드셨다. 그 이유는 아담과 하와의 연합에 대한 목적이 있으셨기 때문이다(창 2:18). 아담은 분명히 이것을 느끼고 있었다(창 2:23). 그러나 분명한 것은 하와의 영혼은 아담으로부터 만들어진 것이 아니라 하나님이 직접 만드셨다는 것이다.

영혼, 몸

사람은 영혼과 몸으로 구성되어 있다. 영혼은 하나님이 몸에게 생기를 불어넣으신 영적 실체이다(창 2:7). 그래서 하나님을 '모든 영의 아버지'라 부르는 것이다(히 12:9; 민 16:22, 27:16). 사람의 영혼은 모든 면에서 몸과 다르다. 몸은 눈에 보이는 것이지만 영혼은 보이지 않는다. 몸은 죽지만 영혼은 죽지 않는다.

성경에는 인간이 영, 혼, 몸으로 구성된 것으로 말하는 듯한 구절들이 있다(살전 5:23; 히 4:12). 그러나 누가복음 10장 27절에서는(흠정역 참조) 인간을 마음, 영혼의 구성이라고 말하는데, 이것은 다른 구성체를 의미하는 것이 아니다. 따라서 이러한 구절들로 삼분설을 주장하는 것은 무리가 있다.

하나님의 형상

인간이 하나님의 형상으로 지으심을 받았다는 것은 하나님과 비슷하게 혹은 유사하게 지으심을 받았다는 것이다(창 1:26). 그렇다고 해서 하나님께 육체적 형상이 있다고 생각해서는 안 된다. 하나님의 형상으로 지으심을 받았다는 말은 인간의 영혼이 지식과 의와 거룩함에 있어서 하나님을 닮았다는 의미이다(골 3:10; 엡 4:24).

따라서 인간은 처음에 지으심을 받았을 때는 의를 가지고 있었으며, 그의 깨달음에는 지식이 있었다. 즉 그의 의지에는 정의가 있었으며, 그의 정서에는 거룩함이 있었다. 또한 인간은 하나님에 대한 지식이 있었으며, 하나님의 법에 대한 지식과 모든 만물에 대한 지식도 가지고 있었다. 더욱이 그의 의지는 옳은 것과 의무를 행하고자 하는 자발성이 있었다. 그리고 그의 감정은 순수하고 거룩했다. 그래서 하나님을 진정으로 순수하게 사랑할 수 있었으며, 그가 사모하는 것은 오직 하나님뿐이었다. 이렇게 인간은 하나님을 인생의 최고의 목적으로 두었으며, 오직 하나님을 즐거워하고 기뻐했다.

피조물을 다스리라는 명령

하나님은 인간에게 모든 피조물을 다스릴 수 있는 권세를 주셨다. 물론 인간은 도덕적이며 영적인 존재이고, 탁월한 존재였기 때문에 자기 자신의 의지나 정서를 다스릴 수 있었으며, 다른 열등한 피조물들을 다스릴 수 있었다. 인간이 타락하기 전에 이 세상의 모든 피조물은 사람에게 복종했다.

타락이 가져다준 효과

인간은 지적이면서 책임 있는 존재였다. 그러나 타락한 이후 하나님이 부여하신 지식, 의, 거룩함을 잃어버리고 말았다. 더욱이 아담의 자손인 모든 인류는 이것을 완전히 잃어버린 상태로, 태어나면서부터 부패성을 가지게 되었다. 오직 성령의 거듭나게 하시는 역사가 없이는 인간은 영적인 것을 택하지도 않고, 택할 수도 없다. 특별히 하나님과 관련해 인간은 하나님 섬기기를 거부하고 싫어한다. 그리고 인간의 의지는 항상 악한 것에 기울어져 있다. 자신이 선한 것을 원해도 할 수가 없다. 오직 거듭남으로 이러한 부패의 종이 된 것에서 벗어나야만 한다.

7주 하나님의 섭리

질문 11. 하나님의 섭리의 사역이 무엇입니까?

답 | 하나님의 섭리의 사역은 모든 피조물과 그 모든 활동을 가장 거룩하고 지혜롭고 능력 있게 보존하며 다스리시는 것입니다.

해 설

하나님의 섭리

하나님의 섭리는 하나님이 만드신 것들을 지속해서 붙잡고 보존하기 위해서 필요한 모든 것을 공급해 주시는 것을 말한다(시 119:89-91, 145:15). 또한 그것을 다스리고 계시는 것을 의미한다(시 66:7; 잠 16:9). 예수 그리스도께서는 "내 아버지께서 이제까지 일하시니 나도 일한다"(요 5:17)라고 말씀하셨다. 하나님이 모든 만물을 지으시고 그 만물을 다스리시고 통치하시는 것을 의미하며, 더욱이 하나님이 구속을 위해 일하시는데 그리스도께서도 그것을 위해 일하고 계신다는 것이다.

이처럼 하나님의 섭리는 하나님이 세상에서 일어나는 모든 것을 인도하시고 통치하시는 것을 말하며(잠 16:33), 이 세상에서 일어나는 모든 사건과 일들을 자신의 계획과 영광에 따라 질서 있게 하시는 것이다.

하나님의 섭리의 대상

하나님의 섭리는 모든 장소와 사람과 사건에 미친다. 모든 장소라는 것은 하나님의 손길을 벗어날 수 있는 곳은 없다는 것이다(렘 23:23). 바다 끝에도 하나님이 계신다(시 107:23-24). 요나가 큰 물고기 배 속에서 생명을 보존할 수 있었던 것은 하나님의 섭리로 인한 것이었다.

하나님의 섭리는 모든 사람에게 미친다. 모든 사람 가운데 특별히 경건한 자들을 특별한 방법으로 돌보신다(벧전 5:7). 하나님은 자신을 두려워하는 자들을 보존하시고 돌보시는데, 기근 가운데서도 생명을 보존하신다(시 33:18). 그리고 하나님은 성도들의 방패가 되신다. 이는 모든 위험 가운데 돌보시는 것을 의미한다(시 31:7). 그래서 그들의 눈물을 계수하시며(시 56:8), 연약할 때 힘을 주시며(히 11:31), 부족을 채우신다(시 23:4). 하나님은 까마귀를 동원해 엘리야를 먹이셨다(왕상 17:6). 예수님의 생명이 위협받을 때는 애굽으로 피하게 하셨다(마 2:13).

하나님의 섭리는 세상에서 일어나는 모든 사건에 미친다. 전쟁에서 승리하게 하시며, 새들을 먹이시며, 머리카락도 세시는 하나님이시다(마 10:30).

하나님의 섭리의 성격

하나님의 섭리는 가장 거룩하다(시 145:17). 이것은 이 세상에서 죄인들에게 심판을 행하시는 것으로 나타난다(시 9:16). 그리고 하나님의 섭리는 하나님의 지극한 지혜로부터 나온다(시 104:24). 그래서 모든 만물을 하나님이 지으신 목적에 따라 움직이게 하신다(롬 8:28; 시 28:9). 또한 하나님의 섭리는 하나님의 한없는 능력으로부터 나온 것이다(단 4:35). 따라서 어떤 누구도 하나님의 의지와 뜻에 저항할 수 없다(단 4:35; 시 135:6). 하나님의 성도는 반드시 하나님의 섭리를 믿어야 한다. 더욱이 하나님의 섭리는 비밀스러운 것이기 때문에 상황이 어떠하더라도 굳게 믿어야 한다.

하나님의 섭리의 종류들

하나님의 섭리는 통상적(ordinary) 섭리와 비상한(extraordinary) 섭리, 일반적(common) 섭리와 특별(special) 섭리로 구분된다. 통상적 섭리는 처음부터 하나님이 정하신 질서대로 모든 것을 보존하시는 것이며(호 2:21-22), 비상한 섭리는 자연적 질서를 뛰어넘어 혹은 반대로 일어나는 것이다. 일반적 섭리는 하나님이 자신이 만든 모든 피조물을 예외 없이 돌보시는 것을 말하며(느 9:6; 행 17:28), 특별 섭리는 이 세상에서 자신의 백성을 돌보시는 하나님의 도덕적 다스리심을 말한다.

하나님의 섭리와 인간의 죄

하나님은 인생들이 죄를 짓는 것을 제한하시고 금하신다(시 76:10). 때로는 인생들이 죄를 짓는 것을 허용하시는 것으로 보이는 성경 구절이 있다(행 14:16). 하지만 이것은 하나님이 그들의 죄를 용인하시는 것이 아니다. 하나님의 선한 목적을 위해 조정하셔서 자신의 영광을 나타내시려는 것이다. 하나님은 앗수르를 일으켜서 이스라엘을 치셨고(사 10:5-7), 요셉의 형들의 악행을 통해서 이스라엘을 보존하시는 일을 하셨다(창 50:20).

하나님의 섭리에 대한 의문들

"하나님이 이렇게 자신의 백성을 돌보시는데 때때로 혹은 자주 그분의 백성이 고통을 당하고 비천해지는 이유는 무엇인가?"라고 질문할 수 있다. 이것은 현재의 상황이 하나님의 섭리에서 벗어난 것 같다고 생각하는 것이다. 이처럼 하나님의 경건한 백성이 고통을 당하고, 악인들이 득세하고 평안한 삶을 사는 경우에 하나님의 섭리에 대해서 의문을 갖게 된다(합 1:12).

또한 하나님이 자신의 성도들에게 약속해 주셨는데 상황이 약속과 반대되는 양상으로 나타나는 경우도 있다. 하나님은 다윗에게 왕이 될 것을 약속해 주셨지만 사울은 더욱 그를 죽이려고 했다. 바울은 하나님으로부터 풍랑 가운데 약속을 받았다. 하지만 상황은 나아지지 않았다. 그러나 이러한 모든 경우에도 하나님의 섭리가 하나님의 지극히 거룩하심과 지혜로우심 가운데 나왔음을 기억해야 한다. 인생은 하나님의 계획과 목적을 다 이해할 수 없기 때문에 하나님의 섭리에 의문을 갖거나 의심해서는 안 된다. 오히려 겸손히 하나님의 온전한 뜻을 이해하기까지 기다려야 한다. 우리의 의무는 하나님의 섭리에 굴복하며, 섭리를 지켜보는 것이다(시 107:43).

8주 인간과 맺으신 언약

질문 12. 사람이 창조되었을 때 하나님이 사람에게 행하신 섭리의 특별한 행위가 무엇입니까?

답 | 하나님은 사람을 창조하신 후에 완전한 순종을 조건으로 생명의 언약을 맺으시고 선악을 알게 하는 나무의 열매를 먹는 것을 죽음의 형벌로 금하셨습니다.

해 설

행위 언약

창세기 2장 16-17절에서 하나님은 동산 나무의 모든 열매는 자유롭게 먹을 수 있지만 선악을 알게 하는 나무의 열매는 먹지 말라고 하셨으며, 먹는 날에는 반드시 죽을 것이라고 하셨다. 이것을 '행위 언약'이라고 부른다. 아담은 공적인 사람이었으며 인류를 대표하기 때문에 이 언약은 하나님이 아담과 모든 인류와 맺으신 것이다(호 6:7).

이 언약은 하나님의 주권을 보여 준다. 하나님이 피조물인 인간에게 오셔서 언약을 맺으심으로 하나님은 인간에게 자신을 묶으셨고, 인간은 하나님에 대해서 묶이게 되었다.

하나님이 모든 열매는 먹을 수 있지만 선악을 알게 하는 나무의 열매를 먹지 못하게 하신 이유는 아담의 순종을 시험하고자 하신 것이다. 물론 하나님이 아담에게 지식과 의와 거룩함을 주셨기 때문에 아담은 자발적으로 순종할 수 있었으며, 능력도 있었다. 순종을 하면 영원히 복된 상태(생명의 상태)에 있고(따라서 '생명의 언약'이라고도 불린다), 불순종하면 죽는 것이었다. 여기서 분명히 해야 할 것은 순종을 해서 의롭게 되는 것이 아니라, 순종을 통해서 하나님을 사랑한다는 것을 하나님께 증거하게 된다는 것이다.

하나님의 주권

하나님은 인간과 이렇게 언약을 맺으시면서, 인간이 언약의 조건들을 이행할 수 있도록 능력을 주셨다. 인간에게는 내적으로 의가 있어서 순종할 수 있었다. 그리고 지식과 거룩함이 있었기 때문에 완전하게 순종할 수 있었다. 아담이 만들어졌을 때 이미 이러한 능력을 소유했기 때문에 하나님이 이러한 언약을 맺으신 것은 지극히 당연했다. 인간은 무죄 상태에 있었으며, 하나님의 법을 완전하게 지킬 수 있었기 때문에 행위 언약에는 중재자가 필요 없었다. 그리고 이 언약은 하나님이 자신을 낮추셔서(condescended) 인간과 맺으신 것이었다(출 3:8). 그리고 하나님은 자신을 인간에게 묶으셨다. 이렇게 하나님이 인간과 맺으신 언약 자체는 하나님의 특별한 사랑을 드러내는 것이다.

하나님의 사랑에 대한 인간의 응답

하나님이 이렇게 자신을 인간에게 묶으셨으니, 이러한 사랑을 받은 인간은 마땅히 하나님께 순종해야 한다. 더욱이 에덴동산에서 하나님이 인간에게 베푸신 유익은 이루 말할 수 없이 귀한 것들이다. 아담은 하나님과 긴밀한 교제 속에서 순종할 수 있었다.

인간은 영혼의 모든 능력과 기능과 육체의 모든 지체와 부분을 하나님을 섬기는 데 사용해야 한다. 이 순종은 외적인 순종만이 아니라 내부적인 순종이자 마음의 순종이며, 부분적인 순종이 아니라 완전한 순종이다. 완전한 순종이란 마지못해서 하는 순종이 아니라 자발적인 순종을 의미한다. 그리고 순종하는 가운데 즐거움과 감사가 그 속에 있어야 한다. 이것은 말과 생각과 행동 모두의 순종을 포함하는 것이다. 그리고 완전한 순종이란 항상 순종하는 것을 말한다.

행위 언약에서 약속된 것

행위 언약에서 약속된 것은 생명이었다. 이 생명은 자연적인 생명을 포함해서 영적인 생명을 의미한다. 영적인 생명은 영혼이 하나님과 연합해 있는 상태를 의미한다. 그리고 이 생명은 영원한 생명을 의미한다. 몸과 영혼이 영원한 행복의 상태에 있는 것이었다.

하나님께 대한 불순종

그러나 아담은 하나님께 순종하지 않았다. 그는 선악을 알게 하는 나무의 열매의 특성상 자신이 불순종함으로써 악에 떨어진 것을 알 수 있었다. 즉 자신의 죄로 비참한 상태에 빠졌다는 것을 스스로 알 수 있었다. 또한 죄로 인해 자신이 받아야 할 형벌이 죽음이라는 것을 알고 있었다(창 2:17; 롬 6:23). 아담의 죄는 우리의 죄가 되었으며, 인간은 비참한 상태에 있게 되었다.

죽음

하나님은 죄에 대한 형벌이 죽음임을 경고하셨다. 죽음에는 인간의 몸이 죽는 것과 같은 일시적인 죽음과 영적인 죽음이 함께 있다. 그래서 아담과 하와는 불순종 이후부터 항상 죽음의 가능성 아래에 놓이게 되었다. 더욱이 영적인 죽음은 영혼이 하나님으로부터 분리되어 하나님의 형상을 잃어버린 상태를 의미한다. 영적인 죽음은 인간이 안락하고 아름다운 하나님의 존전과 지속되는 그분의 영광에서 제외되어 있는 상태를 의미한다. 이 상태는 하나님으로부터 직접 내려오는 진노를 받아 영혼이 가장 고통스러운 고뇌에 있는 상태이다. 지옥에서 영원히 고통을 받고 있는 상태를 말한다. 이제부터 인간에게는 이러한 저주의 상태에서 건져 줄 중재자가 필요하게 되었다.

9주 인간의 타락

질문 13. 우리의 첫 조상은 피조된 지위에 그대로 있었습니까?

답 | 우리의 첫 조상은 임의로 자유를 행사하게 되어 하나님께 죄를 지음으로써 피조된 지위에서 타락했습니다.

> 해 설

자유의지

자유의지란 자신의 뜻에 따라 누구의 간섭을 받지 않고 선택하거나 거부할 수 있고, 행하거나 행하지 않을 수 있고, 이것을 행하거나 다른 것을 행할 수 있는 자유를 의미한다. 이러한 자유의지는 선을 택할 수도 있고 악을 택할 수도 있다. 사람이 처음 지으심을 받았을 때 자유의지는 선과 악을 택할 수 있는 동시적인 것이었다. 사람의 자유의지는 순종할 수도 있으며, 불순종할 수도 있었다. 하나님이 이렇게 자유의지를 주신 것은 피조물인 사람이 하나님께 기꺼이 순종함으로 영광을 돌리게 하시기 위함이었다. 그렇지 않다면 사람은 다만 인형극의 인형에 불과하기 때문이다.

이렇게 인간의 자유의지의 자연적 성향은 선을 행하도록 되어 있었다. 그러나 그런 상태에서 변해 죄악에 기울어질 수도 있었다. 사람이 죄의 상태로 타락함으로 말미암아 자유의지는 부패되었고, 선을 행하는 자유의지의 능력은 온전히 상실되고 말았다.

죄를 지음

아담과 하와는 지으심을 받았을 때 흠이 없는 상태였다. 하나님은 정직하고 순수한 상태로 사람을 만드셨다(전 7:29). 더욱이 사람은 하나님의 계명을 지킬 수 있도록 능력을 부여받았다. 그 능력은 거룩함과 지식을 포함했다. 그러나 하나님이 먹지 말라고 하신 선악과를 먹음으로 죄를 지었다. 인간은 자기의 의지의 결정으로 죄를 지었다. 물론 마귀의 유혹에 설득당했고, 꾐을 받아 죄를 지었다(고후 11:3). 사람은 자유의지를 가지고 하나님의 계명에 기꺼이 순종함으로써 하나님께 영광을 돌려야 하는데, 그것으로부터 떠났다. 여기에서 '죄'라는 것은 하나님의 계명을 어기는 것을 의미한다.

죄를 지은 것의 효과

하나님이 인간에게 부여하신 자유의지는 죄를 지음으로 이제 선을 택하거나 추구하는 것으로부터 떠나게 되었다. 죄에 대한 효과로 그들이 누리고 있었던 특권이 거두어지고, 더 이상 거룩함과 지혜와 능력이 없게 되었다. 하나님이 만드신 완전한 상태에서 떠나 이제 죽음과 고통을 맛보는 비참한 상태에 이르렀다. 이제 사람의 의지는 선한 것과 거룩한 것이 아닌 육신적인 것과 정욕적인 것과 세상의 것을 더욱 택할 수밖에 없게 되었다. 그래서 인간은 죄와 허물로 죽을 수밖에 없는 상태에 이르렀다(엡 2:1-2).

더욱이 인간을 유혹했던 마귀는 인간을 자신의 종으로 삼아서 하나님께 대적하고, 인간의 사회를 더욱 하나님을 배제하는 장으로 만들어 가는 전략을 폈다.

회복의 필요성과 가능성

사람은 이처럼 타락해 더 이상 스스로에게 소망이 없는 존재가 되어 버리고 말았다. 그러나 하나님은 피조물이 타락했을 때 다시 새로운 언약의 방식으로 인간과 화목하기를 원하셨다. 그래서 아담에게 은혜 언약을 주셨다(창 3:15). 죄를 지어 하나님과 멀어진 인간은 하나님이 만드신 은혜 언약 속에서 하나님과 화목할 수 있게 되었다. 이것은 하나님이 스스로 마련하신 것으로서, 자신의 백성에게 또한 약속하신 것이다. 결코 인간이 행위나 공로를 쌓아서 이룰 수 있는 것이 아니다.

10주 인간의 죄

질문 14. 죄가 무엇입니까?

답 | 죄는 하나님의 법을 지키지 못한 것과 그 법을 어기는 것입니다.

질문 15. 우리의 첫 조상이 피조된 지위에서 타락하게 된 죄가 무엇입니까?

답 | 우리의 첫 조상이 피조된 지위에서 타락하게 된 죄는 금지된 열매를 먹은 것입니다.

해 설

죄

도덕법에서는 우리가 행해야 할 의무의 범위를 말하고 있는데, 그 범위를 넘어서는 것을 죄라고 이야기한다. 이것과 마찬가지로 하나님이 법으로 명령하신 것을 지키지 못한 것이 죄이며, 하지 말라고 금하신 것을 어기는 것이 죄이다. 하나님의 법은 그분의 거룩하심과 의로우심, 그리고 선하심을 담고 있기 때문에(롬 7:12) 그 법을 어겨야 할 어떤 이유도 없다. 그런데 인간은 하나님의 법을 지키지 않았으며, 어겼다.

원죄는 마귀의 죄로부터 왔다(요일 3:8). 마귀는 첫 번째 죄를 지은 존재로서, 하와를 죄로 유혹해 죄를 범하게 했다. 물론 유혹을 받아 죄를 지은 아담과 하와에게 책임이 있다. 그래서 죄는 성질상 악하고, 오염시키는 성질을 가지고 있다. 죄는 인간을 마귀의 형상으로 만드는 것이다. 법의 제정자가 하나님이시기 때문에(사 45:23), 하나님의 법을 어기는 죄는 성질상 하나님을 대적하는 것이다.

죄의 성질들

성경에서는 죄를 불결하게 하는 것이라고 말한다(사 30:22). 그래서 죄를 지은 상태를 더러운 옷을 입고 있는 것이라고 말한다(사 64:6). 죄는 인간의 영혼을 더럽힌다. 그래서 구약의 제사장이 하나님께 나아가기 위해서는 반드시 속죄제를 드려야 했다. 죄는 성령을 근심시킨다(엡 4:30). 죄는 하나님의 은혜를 잊어버리고, 하나님의 은혜를 남용해 하나님의 계명을 어기는 것이다. 다윗이 압살롬에게 은혜를 베풀었지만, 압살롬은 다윗을 대적했던 것과 같은 이치이다.

죄는 질병과 같아서 온몸을 병들게 하는데, 교만과 정욕과 시기심 같은 것은 온몸을 지배하고 주장해 이성을 마비시키고 마음을 오염시켜 버린다. 따라서 죄는 비이성적인 것으로, 악할 뿐만 아니라 어리석은 행동들을 발생시킨다. 죄는 고통을 유발한다. 죄는 자신에게 고통을 줄 뿐만 아니라 공동체에도 고통을 준다. 죄의 효과는 악이다. 그래서 우리의 영예를 망가뜨리고, 영혼의 평화를 빼앗아가 버리며(사 57:21), 두려움을 가져다준다.

죄는 양심에 무거움으로 작용해 짓누르기도 한다. 가룟 유다가 괴로워했던 것도 이런 이유이다. 죄는 모든 문제와 고통을 일으키며 가정과 국가를 어렵게 만든다. 그리고 죄를 회개하지 않은 것은 최종적으로 정죄를 가져다준다.

무죄의 상태

아담과 하와는 죄가 없는 영광스러운 상태에 있었다. 그들에게는 거룩함이 있는 완전한 지식이 있었다. 아담은 완전히 거룩했으며, 자유롭게 선을 행할 수 있었다. 그들은 자신들의 의무를 알고 있었으며, 가지고 있는 지식으로 하나님께 쉽게 순종할 수 있었다. 아담이 타락하기 전의 자유의지는 유혹을 물리치기에 충분했다. 타락하기 전에는 사람이 세상을 주관했다.

이렇게 하나님은 사람을 정직하게 만드셨지만 사람은 많은 꾀를 생각해 냈다(전 7:29). 스스로 꾀를 생각해 죄를 지은 것이다.

선악과를 먹지 말라고 하신 이유

하나님이 아담에게 선악과를 먹지 말라고 명령하신 것은 선악과 자체가 나빠서가 아니다. 다만 사람의 순종 여부를 시험하기 위해서 그 열매를 먹지 말라고 하신 것이었다. 하나님이 먹지 말라고 명령하셨기 때문에 아담과 하와는 선악과를 먹어서는 안 되는 것이었다.

마귀의 유혹

마귀의 유혹은 거짓말로 시작되었다. 그리고 마귀는 계속해서 거짓말로 하와를 유혹했다(요 8:44). 마귀가 유혹하기 위해 하와를 먼저 택한 것은 그녀가 유혹에 저항하는 것에 약하다고 생각했기 때문이었다. 그리고 그녀를 통해 아담을 쉽게 유혹할 수 있다고 보았던 것이다. 욥이 고난을 받았을 때 그의 아내가 유혹했던 것과 같다(욥 2:9). 마귀는 하와의 믿음을 먼저 약화시키고 하나님의 진리에 대해서 의심을 품게 했다. 그리고 교만하도록 유혹했다. 결국 하와는 선악과를 먹었고, 자신의 남편에게도 주어서 먹게 했다(딤전 2:14).

아담과 하와의 죄

아담과 하와의 죄는 금지된 열매를 먹은 것이었다. 이들의 죄는 단순히 하나의 죄가 아니라 복합적이며, 많은 죄였다. 아담과 하와는 하나님이 말씀하신 것을 믿지 않았다. 그들은 선악과를 먹게 될 경우 반드시 죽는다는 하나님의 말씀을 믿지 않았다. 하나님의 말씀을 믿지 않는다는 것은 하나님을 거짓말쟁이로 만들고, 마귀를 하나님보다 더 믿는다는 것이었다.

아담과 하와의 죄는 에덴동산에서 지은 것이었다. 하나님은 아담과 하와에게 동산의 모든 나무의 열매를 먹게 하셨으며, 세상을 주관하는 권세를 주셨다. 아담과 하와는 자족하면서 하나님께 감사하면 되는 것이었다. 그러나 그들은 자족하지도 않았으며, 감사하지도 않았다. 오히려 마귀의 말에 귀를 기울였다.

  그리고 아담과 하와의 가장 큰 문제는 하나님과 같이 되고자 한 것이었다. 하나님이 피조물 가운데 가장 높은 위치에 두셨지만, 그것에 감사하지 않았다. 선악과의 먹음직도 하고 보암직도 한 감각적인 향락에 유혹되었다. 그래서 하나님의 계명을 어겼다. 불순종했으며, 주권자이신 하나님께 반역을 행했다. 아담과 하와의 죄는 자신들뿐 아니라 후손까지 사망을 당하게 한 죄였다. 그래서 아담과 하와의 죄는 살인죄에 해당된다. 아담과 하와의 죄는 극악무도한 죄였다.

11주 원죄의 전가

질문 16. 아담의 첫 범죄로 모든 인류가 타락했습니까?

답 | 하나님이 아담과 맺으신 언약은 아담 한 사람만이 아니라 그의 후손을 위한 것이기도 했습니다. 보통의 출생법으로 그의 후손이 된 모든 인류는 아담의 첫 범죄 때 그의 안에서 죄를 짓고 그와 함께 타락했습니다.

> 해 설

아담의 죄가 어떻게 우리의 죄가 되는가?
아담의 죄가 우리에게 전가되었다. 단지 우리가 아담의 죄를 모방하는 것이 아니다. 그리고 아담의 죄는 우리에게 전가되었을 뿐만 아니라 그의 부패성이 우리에게 그대로 옮겨졌다. 이는 나병이 옮겨지는 것과 같은 것이다. 이것을 '원죄'라고 부른다. 그래서 다윗은 "내가 죄악 중에서 출생하였음이여"(시 51:5)라고 고백했던 것이다. 원죄로 인한 사람의 본성을 '옛 사람'이라고 부르기도 한다. 이것은 어그러진 것이며, 하나님이 보시기에 추한 것이다.

죄의 법

원죄는 죄의 법으로서 힘을 가지고 있다. 법은 모든 자를 묶는다. 죄의 법이 사람을 묶어서 죄를 짓게 만든다(롬 7:23). 죄의 법은 사람으로 죄를 사랑하게 하고 죄를 짓게 만든다. 죄는 인간 본래의 순수성을 더럽혔고, 우리의 본성에 독의 근원이 되었다. 그래서 인간은 거룩한 것과 의로운 것을 싫어하고 어긋난 것을 선호한다. 그래서 계속해서 죄를 짓는다.

원죄의 성질

원죄는 우주적이다. 원죄는 독으로서, 사람의 모든 부분으로 퍼졌으며 우리의 영혼에 힘을 발휘한다. 원죄는 우리의 지성을 부패시켰다. 우리 마음에 무지가 뒤덮이며 어두워졌다. 그래서 우리는 올바른 판단을 할 수 없고 오류를 좋아하게 되었다. 원죄는 우리의 마음을 더럽혔다. 마음은 악하게 되었다. 마음 안에 정욕과 불충성하는 것과 위선과 죄악된 욕망이 가득하게 되었다. 심지어 복수심과 같은 잘못된 열정도 자리를 잡았다. 우리가 살아 있는 동안에 우리의 마음은 미친 것과 다름없다. 그래서 마귀는 인간의 마음을 자신의 일터로 삼았다.

원죄는 인간의 의지를 망가뜨렸다. 인간의 의지는 반역하는 것에 종사하게 되었다. 인간의 의지는 거룩한 것과 의로운 것에 반대되는 것을 하며 하나님을 거부한다. 우리의 정서도 잘못되었다. 우리는 죄를 더욱 사랑한다. 자신에게 독이 되는 것을 더욱 사랑하고 좋아한다. 원죄로 인해 머리는 아프고, 간은 부어 있으며, 발은 썩고 있고, 폐는 무너져 내리고 있다. 이것을 고칠 수 있는 약은 오직 그리스도의 보혈밖에 없다.

원죄를 고칠 수 있는가?

원죄는 구스(에티오피아) 사람의 검은 피부를 희게 할 수 없는 것과 같다 (렘 13:23). 원죄의 부패성은 뒤흔들어서 떨어낼 수 없다. 우리의 마음에서 뽑아낼 수도 없다. 원죄로 인해 인간은 하나님에 대한 의무를 하지 않는다. 우리는 신앙에 대해서 죽었다. 원죄는 우리 마음에 쓴 뿌리로 작용해서 하나님을 인정하지 않을 뿐만 아니라 부정하게 한다. 유혹을 받으면 정욕이 불 일 듯 일어난다. 노아가 술 취한 것과 욥이 하나님께 불평한 것, 그리고 다윗이 죄를 범한 것도 바로 이러한 원죄의 부패성으로 인한 것이다.

거듭났음에도 불구하고 남아 있는 원죄의 부패성

원죄로 인해 부패되고 오염된 심령은 성령의 중생의 역사로 변화시킬 수밖에 없다. 그러나 중생했음에도 불구하고 여전히 원죄의 부패성이 신자에게 남아 있다. 그래서 신자임에도 불구하고 때로는 불신앙이 남아 있으며, 때로는 뜨뜻미지근하고, 때로는 교만해지기도 한다. 이는 우리가 은혜로 숨 쉬지만 여전히 우리 마음에 원죄로 인해 감염되어 나타나는 증상이다. 그래서 원죄는 우리 안에 죄를 짓고자 하는 열망을 가지게 하고, 죄악으로 달려가게 한다. 바울은 이로 인해 "오호라 나는 곤고

한 사람이로다"(롬 7:24)라고 하며 울부짖었다.

성령의 은혜로 죄를 죽여야 한다

원죄는 이 세상의 삶 가운데 완전하게 고칠 수 없지만, 은혜로써 죄의 힘을 죽여야 한다. 성령으로써 육신을 죽여야 한다(롬 8:13). 물론 "중생 이후에 왜 원죄의 부패성이 남아 있는가?"라는 질문을 할 수 있다. 신자로 겸손하게 하기 위해 원죄의 부패성이 남아 있는 것이다. 중생은 단지 출생일 뿐이다. 이를 통해 계속해서 은혜 안에서 자라 가게 하기 위한 것이다.

12주 타락한 인간의 상태

질문 17. 타락이 인류를 어떠한 상태에 있게 했습니까?

답 | 타락은 인류를 죄와 비참한 상태에 있게 했습니다.

질문 18. 타락한 상태의 인간은 어떤 죄성을 지니게 되었습니까?

답 | 타락한 상태의 죄성은 아담의 첫 범죄에 유죄한 것과 의가 결여된 것과 모든 성품이 부패된 것인데 이것을 '원죄'라고 부르며, 아울러 원죄로부터 나오는 모든 실제적인 죄입니다.

> 해 설

아담과 하와의 불순종은 인류를 어떤 상태에 있게 했는가?

아담과 하와의 불순종은 그들의 상태와 성질을 바꾸어 놓았다. 우선 그들은 금지된 선악과를 먹은 다음 하나님의 낯을 피해 숨었다. 그들의 행위는 배교적이며, 그들의 조물주이신 하나님을 싫어하는 것이었다. 물론 그들은 자신들의 죄에 대해서 다른 것으로 비난을 돌렸다. 이것은 정직하지 못한 증거이며, 비겁한 행위였다. 따라서 하나님이 그들을 향해 죄가 있다고 선언을 하셨다(창 3:15-19). 그리고 인류에 죽음이 들어오게 되었다. 이제 인류는 죽음을 피할 수가 없다(롬 5:12, 17, 6:23; 갈 3:10). 이것이 아담과 하와의 타락이 인류를 죄와 비참함 가운데 있게 만든 것이다.

죄와 비참함은 불가분의 관계에 있다. 왜냐하면 죄가 모든 비참함의 원인이 되기 때문이다. 따라서 죄로 인해 인류의 비참함은 세대가 더할수록 더욱 증가되어서 결국 노아 시대에 하나님이 홍수로 심판하실 수밖에 없는 상황에까지 이르렀다. 홍수 이후에 여덟 식구로부터 다시 세대가 이어져 내려온 인류는 계속해서 죄를 짓고 있다. 성경에서는 이러한 상태를 어두움의 상태(엡 5:8), 하나님으로부터 멀어진 상태(엡 2:13), 정죄와 진노 아래에 놓인 상태(요 3:18, 36), 종의 상태(사 49:24), 영적으로 죽은 상태(엡 2:1)라고 말한다.

비참한 상태가 주는 의미

따라서 인류 가운데 하나님이 구원하시고자 선택하신 자들이 있다. 그 선택된 자들에게 구원이 실제적으로 유효하게 일어날 때는 반드시 동반되는 과정이 있다. 성령의 역사로 그들이 스스로의 죄와 부패성을 깨닫게 되는 것이다. 그래서 그들은 구원을 갈망하고, 죄의 종 된 것에서 벗어나기를 갈망하게 되어 있다. 여기서 중요한 것은 성령의 역사로 자신의 비참함을 철저히 깨닫고 그것으로부터 건짐 받기를 갈망해야 한다는 것이다.

인간의 타락한 상태

인간이 타락한 상태의 죄는 두 가지이다. 하나는 원죄이며, 다른 하나는 자범죄이다. 원죄는 세 가지로 구성되어 있는데, 아담의 죄, 의의 결여, 그리고 모든 성품이 부패된 것이다.

아담의 죄는 인류에게 전가되었다. 아담의 첫 범죄에 모든 인류가 동참하게 된 것이다. 의의 결여는 마음속에 신령한 지식이 없을 뿐만 아니라 의지와 사상 속에 선을 행할 의지가 없다는 것이다. 그래서 하나님의 율법을 이행할 수 없게 되었다. 그리고 모든 성품이 부패되었다는 것은 마음이 오염되었고, 심령이 죄에 기울어져 있으며, 감정이 무질서와 분노와 증오로 가득 차 있으며, 몸도 죄의 도구가 되었다는 것이다.

사람은 태어나면서부터 원죄의 세 가지 요소를 가지고 있다. 따라서 사람은 원죄 자체로도 하나님의 심판을 받기에 충분하다. 원죄는 죄악의 원천이 되어서 악을 행하게 하는데, 그것도 쉴 새 없이 죄를 짓게 한다(창 6:5).

타락한 상태의 범위

원죄로 인해 모든 사람이 부패되었다. 이것은 모든 사람의 모든 영역에서 일어났다. 몸과 영혼의 기능에도 영향을 미쳤다. 이해력과 의지와 정서에 그 부패성이 자리를 잡았다(롬 3:10, 12, 23, 8:7; 사 1:5-6; 렘 4:22; 고전 2:14; 호 11:7; 요 5:40; 딛 1:15). 이러한 부패성은 심지어 영적으로 탁월하다고 하는 사람에게도 나타나는 것이다(렘 17:9; 마 26:69-75; 삼하 11장; 욘 1장; 창 9:21; 왕하 8:12).

자범죄

사람은 이렇게 원죄로부터 혹은 부패성과 죄성으로부터 실제적인 죄들을 짓게 된다. 이것을 '자범죄'라고 부른다. 타락된 성질 안에 악한 생각들과 욕망들과 목적들이 형성되고, 이것으로부터 실제적인 죄를 짓는다. 결국 아담의 후손으로서 죄를 짓지 않는 사람은 아무도 없다. 죄에 대한 심판은 마땅한 것이다(롬 3:20). 따라서 사람은 죄에 대한 하나님의 심판을 피할 길을 찾지 않으면 결국 멸망에 이르고 말 것이다. 그래서 일찍이 하나님이 아담에게 구원의 길을 약속하신 것이다(창 3:15). 그리고 하나님은 하늘로부터 성품의 변화가 반드시 있어야 할 것을 말씀하셨다(겔 36:26; 요 3:3, 5). 그래야 부패된 성질로부터 구출되고, 거룩한 삶이 가능하기 때문이다.

13주 인간의 비참한 상태

질문 19. 타락한 상태의 인간은 어떤 비참함에 놓였습니까?

답 | 타락으로 인해 모든 인류는 하나님과의 교제를 잃어버렸고, 하나님의 진노와 저주 아래에 놓이게 되었으며, 그래서 이 세상에서 모든 비참함과 죽음과 영원한 지옥의 형벌에 놓이게 되었습니다.

해 설

하나님과의 교제를 잃어버림

아담과 하와의 죄는 우리가 하나님과의 교제를 잃어버리게 만들었다 (창 3:8). 아담은 하나님과 긴밀한 교제를 나누었으며, 은혜를 받고 있었다. 그는 하나님과의 교제로 행복한 상태에 있었다. 그러나 죄가 우리를 하나님이 주시는 유익으로부터 쫓아냈다. 하나님의 형상을 잃어버렸을 때 하나님과의 교제도 잃어버렸다.

하나님은 아담과 하와를 에덴동산에서 쫓아내셨는데, 이것은 우리가 하나님의 은혜로부터 추방되었다는 것을 보여 준다. 죄로 인해 하나님과의 교제가 단절된 이유는 하나님은 거룩하시며 의로우셔서 죄인들과 함께 계실 수 없고, 죄악된 인간은 거룩을 싫어하기 때문이다. 인생의 목적은 하나님과의 교제이다. 그렇기 때문에 하나님과의 교제를 상실한 것은 가장 큰 것을 잃어버린 것이다.

사탄의 지배 아래에 놓임

본성상 우리는 사탄의 지배 아래에 있게 되었다. 죄로 인해 사람은 사탄의 종이 되었다. 회심하기 이전의 모든 사람은 사탄의 명령 아래에 있다. 사탄은 자기의 뜻에 따라 사람들을 조종한다. 사탄은 사람의 모든 기능에 힘을 발휘해 지배한다. 사람의 이해력을 무지함으로 어둡게 만들어서 자기에게 복종하게 한다. 그래서 오류의 길을 보지 못하게 하고, 그 가운데 있게 해 죄를 범하게 만든다.

사탄은 인간의 의지를 지배한다. 인간을 유혹해 그 마음에 정욕을 가득 채우고, 그것에 따라 움직이게 만들고, 하나님의 법을 어기도록 만든다. 사탄은 인간의 심령에 독재자처럼 군림한다. 결국 인간을 사탄의 지배 아래에서 불순종의 아들들이 되게 한다.

하나님의 진노와 저주 아래에 놓임

하나님의 진노와 저주 아래에 놓이게 되었다(엡 2:3; 갈 3:10). 하나님의 진노 아래에 있다는 것은 하나님이 죄인인 인간을 싫어하신다는 것이다. 하나님의 진노는 이 땅에서의 삶 속에서 쓴 고통들이다. 이것은 인간에게 눈으로 보이기도 하지만, 때로는 보이지 않기도 한다(요 3:36; 엡 2:3; 시 11:5). 때로는 병든 상태에서 하나님의 진노를 느낄 수 있다. 이때에 양심은 상당한 고통과 두려움 속에 있게 된다.

엘리 제사장과 그의 자녀들에게 퍼부으신 하나님의 진노는 끔찍한 것이었다. 하나님의 진노는 저주와 함께 간다. 하나님의 저주 아래에 있다는 것은 하나님의 의로운 법의 저주 아래에 있다는 것이다. 이것은 악한 죄인들에 대한 강력한 선언이다(갈 3:10; 시 7:11, 90:11; 신 28:15; 롬 1:18). 이처럼 이 땅에서 쓴 열매들은 모두 원죄로부터 오는 것이다. 따라서 사람은 하나님의 진노와 저주를 피할 길을 찾아야만 한다.

이 땅에서 비참한 삶에 놓임

이 땅의 삶 가운데 모든 비참함은 원죄로부터 오는 것이다. 이는 몸과 관련한 것이다. 성경에서는 공개적이며 일반적인 재앙들을 말하고 있다. 즉 전염병, 기근, 전쟁 등이다(겔 5:17). 때로는 인간이 병에 걸리는 것과 불명예스러운 고통들과 관계의 상실들을 비참함이라고 한다(신 28:22, 30, 37). 영혼과 관련한 비참함에는 마음의 어두움(엡 4:18)과 상실된 마음(롬 1:28), 혼동의 상태(살후 2:11)가 있다. 그리고 강퍅한 마음(롬 2:5), 양심에 무서운 두려움(사 33:14; 창 4:13; 마 27:14), 더러운 욕심의 상태(롬 1:26)에 있는 것도 영혼과 관련한 비참함이다.

죽음 아래에 놓임

타락한 인생이 이 땅에서 마지막으로 받는 형벌은 죽음 그 자체이다

(롬 5:12). 죽음은 죄의 효과로 임한다. 죽음은 몸과 영혼의 분리를 가져다 준다(히 9:27; 롬 6:23; 겔 18:4). 물론 죽음은 의인과 악인에게 같이 임하지만 그 목적은 분명히 다르다. 신자의 죽음은 그리스도께서 주시는 유익으로, 이 땅에서의 비참함에서 벗어나 하나님의 영광으로 들어가는 입구가 된다. 그러나 악인과 불신자에게 죽음은 두려운 형벌이다. 그들에게 죽음은 더욱 큰 고통으로 들어가는 입구가 된다.

지옥과 정죄 아래에 놓임

회개하지 않는다면 인간은 모두 지옥과 정죄에 이르게 되어 있다. 지옥은 하나님의 자비가 없이 심판만 있는 곳이다. 끊임없이 진노의 불꽃과 복수의 바다 속에 있는 곳이다. 이러한 지옥의 고통들은 영원한 것이다. 지옥은 밤이나 낮이나 안식이 결코 없는 곳이다. 몸과 영혼의 고통이 영원히 있다. 이러한 비참함은 원죄로부터 온 것이다. 이러한 비참함을 피할 수 있는 길은 회개하고 오직 그리스도께로 나아가는 것밖에는 없다. 죄의 문제를 해결해야 하는데, 그 은혜는 그리스도 안에만 있다.

14주 하나님의 구속의 계획

질문 20. 하나님이 모든 인류를 죄와 비참한 상태에서 멸망하도록 내버려 두셨습니까?

답 | 하나님은 영원부터 오직 그분의 기쁘신 뜻대로 어떤 사람들을 영원한 생명에 이르도록 선택하시고 은혜 언약을 맺으셔서 구속자를 통해 그들을 죄와 비참한 상태에서 건져 내어 구원의 상태에 이르게 하셨습니다.

해 설

선택

아담과 하와는 죄를 짓고 하나님을 피해 숨었다. 자신들의 죄로 인해 하나님과의 관계가 불화 상태가 되었으며, 하나님의 말씀대로 이제 그들은 심판 아래에 있게 되었다. 그리고 모든 인류는 죽음과 하나님의 심판 아래에 있게 되었고, 죄와 정죄의 상태에 놓여 있게 되었다(롬 3:19). 더욱이 그들은 죄의 종이 된 상태이며(요 8:34), 사탄의 권세 아래에 있다(엡 2:1-3). 그래서 비참함이 극심한 것이다.

그러나 하나님은 그들 가운데 얼마를 선택하셨다. 이것은 온전히 하나님 자신의 기쁘신 뜻대로 선택하신 것이다. 사람에게 믿음이 있을 것을 미리 보시고 선택하신 것이 아니며, 사람에게 선한 행위가 있을 것을 미리 아시고 선택하신 것이 아니다. 오직 하나님의 자유롭고 주권적인 은혜에 기인해 선택하신 것이다(롬 6:23; 엡 1:4-6; 딤후 1:9). 따라서 구원의 근거는 하나님의 은혜에서 찾아야 한다.

선택의 목적

하나님이 어떤 자들을 선택하셔서 구원의 은혜를 베푸시는 데는 선택된 백성에게 선택의 효과와 열매를 나타내게 하시려는 하나님의 목적이 있다. 그들에게 거룩한 삶이 있게 하시려고 선택하신 것이다(엡 1:4-5). 그들의 거룩한 삶은 선택의 조건이 아니라 선택의 열매인 것이다. 하나님은 이로써 자신의 영광을 드러내기를 기뻐하셨다. 이것을 자신의 '기쁘신 뜻'이라고 하셨다(엡 1:5). 하나님은 은혜의 풍성함을 나타내기 위해서 선택하신 것이다(마 11:26; 롬 9:16; 말 1:2-3).

따라서 선택된 백성이라고 고백하면서 죄 가운데 있고 세상적인 삶을 산다면 그는 선택의 목적을 모르는 자이며, 하나님의 은혜를 남용하는 자로서 실제로는 선택된 백성이라고 말할 수 없다.

선택되지 못한 자들

"하나님이 얼마만을 선택하셨으며 다른 이들은 선택하지 않으셨다면, 하나님은 공평하지 않으신가?"라는 질문을 할 수 있다. 하나님이 얼마를 선택하시고 다른 이들은 선택하지 않으신 것은 하나님의 주권과 은혜를 보여 주는 것이다. 다른 이들을 모두 선택하셔야 할 의무가 하나님께는 없다. 그들을 다만 타락의 상태에 내버려 두신 것뿐이다. 물론 그들이 계속해서 죄 가운데 있기 원하며, 육신대로 살아가기를 원하기 때문에 그들을 내버려 두시고 심판하신다. 따라서 결국에 하나님은 그들을 심판하심으로 자신의 공의를 드러내신다.

은혜 언약

하나님은 자신의 선택한 사람들을 언약의 방법을 통해 구원에 이르게 하신다. 하나님은 선택한 자들을 위해 그리스도와 함께 은혜 언약의 관계로 들어가신다. 이때 그리스도께서는 둘째 아담으로서 모든 선택한 자들의 대표가 되시며, 그리스도를 통해서 모든 선택한 자들이 언약의 수혜자가 된다. 하나님이 선택한 자들에게 구원이 일어나게 하기 위해서 그리스도를 구속자로 정하셨다(갈 4:4-5). 구약에서는 구원을 위해 구속자를 바라보게 하셨으며, 신약에서는 오신 그리스도와 그분의 유익을 구하게 하셔서 구원에 이르게 하셨다. 그리스도께서는 완전한 순종으로 의를 확보하셨으며, 그리스도를 믿는 자들에게 의를 전가하셔서 하나님과 화목하게 하신다.

그리스도로 인해 언약 관계에 있는 사람들에게 하나님은 그들의 하나님이 되시고, 그들은 하나님의 백성이 된다. 은혜 언약에서는 하나님의 백성과 하나님의 백성이 아닌 자로 구분이 된다. 우리는 다만 하나님이 마련하신 구원의 방법의 탁월성에 대해서 찬양하고 감사해야 한다.

은혜 언약의 적용

하나님은 선택한 자들에게 실제로 구원이 일어나도록 성령을 통해 영적 각성이 일어나게 하신다. 그래서 죄를 깨달으며 용서를 구하도록 만드신다. 그리고 성령으로 그리스도의 유익을 깨닫게 하셔서 구원을 위해 그리스도께로 나아오도록 만드신다. 이렇게 구원의 유효한 역사를 통해 선택된 자는 실제로 죄의 용서함을 경험하고, 그리스도에 대한 확고한 믿음을 얻게 된다.

이러한 은혜 언약의 적용은 오직 하나님이 특정한 자들을 선택하셨기에 주어지는 것이다. 선택된 자들에게 구원을 위한 근거는 아무것도 없다. 그래서 우리의 구원은 오직 하나님의 은혜로 주어지는 것이다(엡 2:8).

구원의 상태

그리스도의 은혜 언약의 시행으로 인해 선택된 죄인들은 죄와 죄로 인한 비참한 상태에서 건짐을 받고 구원의 상태에 있게 된다. 구원의 상태라는 것은 죄로 인한 정죄의 상태에서 벗어난 것을 의미한다. 그리고 죄의 힘과 어두움의 권세로부터 벗어나 그리스도의 통치 아래로 들어간 것을 의미한다. 구원의 상태는 하나님을 향해 "아빠 아버지"라고 부를 수 있는, 하나님과 화목하게 된 상태로서 하나님과 교제가 회복된 상태이다.

15주 구속자

질문 21. 하나님이 선택하신 자들의 구속자가 누구이십니까?

답 | 하나님이 선택하신 자들의 유일한 구속자는 주 예수 그리스도이십니다. 그분은 영원하신 하나님의 아들로서 사람이 되셨고, 그렇게 계셨고 계속해서 그렇게 계십니다. 두 가지 구별되는 성품인 신성과 인성을 입으시고 거하셨으며 영원히 한 위격을 갖고 계십니다.

질문 22. 하나님의 아들이신 그리스도께서 어떻게 사람이 되셨습니까?

답 | 하나님의 아들이신 그리스도께서는 실제적인 몸과 지각 있는 영혼을 취하심으로써 사람이 되셨습니다. 그분은 성령의 능력으로 동정녀 마리아에게 잉태되어 탄생하셨으나 죄는 없으십니다.

질문 23. 그리스도께서는 우리의 구속자로서 어떤 직무를 실행하십니까?

답 | 그리스도께서는 우리의 구속자로서 선지자와 제사장과 왕의 직무를 행하시되 낮아지신 상태와 높아지신 상태에서 실행하십니다.

해 설

구속의 언약

언약은 하나님이 죄인을 구속하기 위해 실행하시는 방식인데, 이것을 '구속의 언약'이라고 부른다. 구속의 언약은 삼위 하나님이 참여하시는 것으로, 성부는 성자를 택하셔서 선택한 백성의 모든 법적 책임을 부과하셨다. 그리고 성자의 구속 사역의 유익으로 선택한 자들이 영원한 생명을 얻게 하셨다. 물론 성부는 성령이 그들 각자에게 구원을 적용하시도록 정하셨다. 그래서 성자는 선택한 사람들을 위해 성부가 정하신 직무를 기꺼이 감당하셨으며, 성부로부터 성령을 받아 교회에 주셨다(행 2:33). 그래서 성령은 선택한 자들에게 구원이 유효하게 하시는 것이다.

구속자

구속이라는 단어에는 종이 된 자나 포로로 끌려간 자를 산다는 의미가 있다. 첫 번째 언약을 어김으로 인해 인류에게 들어온 죄, 죽음, 사탄의 종 되었던 것으로부터 구해서 소유하는 것을 뜻한다(엡 2:1). 그리스도께서 하나님의 선택한 백성의 구속자가 되시는 것은 그리스도께서 선택한 자들을 구속하시기 때문이다.

그리스도께서는 선택한 백성을 얻기 위해서 자신의 핏값을 지불하셨다(벧전 1:18-19; 딤전 2:6). 또한 선택한 백성을 구원하시기 위해 전능한 능력으로 죄와 마귀의 종 되었던 그들을 구출하셨다(골 2:15). 그리스도만이 유일한 구속자가 되시는 것은 오직 그리스도만이 이 놀라운 구속의 사역을 하실 수 있었기 때문이다(사 63:5).

사람이 되신 그리스도

그리스도께서는 성부가 정하신 구속의 사역을 위해서 사람이 되셨다(요 1:14; 갈 4:4). 그분은 선택한 백성을 위해 고난의 죽음을 당하셔야 하므로 사람의 몸을 입으셔야 했다(히 9:22). 그리고 하나님과 선택한 자들을 화목하게 하기 위해서 대제사장이 되셔야 했다(히 2:16-17).

그리스도께서 하나님이시면서 동시에 인간이 되셔야 했던 이유는 만약 하나님이 아니시라면 인간의 죄로 인해 받을 진노를 견딜 수 없고 하나님의 공의를 완전히 만족시키지 못하기 때문이다. 그래서 그리스도 안에는 신성과 인성이 결합되어 있다. 이것은 분리할 수 없는 것이다. 그러나 그리스도께서는 한 위격으로 영원히 계셨고, 계속해서 존재하신다(히 7:24-25).

동정녀 마리아로부터 탄생

그리스도께서는 성부가 정하신 구속의 사역을 위해서 기꺼이 인간의 몸을 입으셨다. 그리스도께서는 인성을 취하심으로 선택한 자들의 구속자로서의 자격을 합당하게 갖추셨다(히 10:6-7). 그분의 몸은 실제적인 몸이었다. 그리고 지각 있는 영혼을 취하셨다(사 53:10; 마 26:38). 동정녀 마리아의 태에서 성령의 역사로 기적적으로 잉태되셨으며, 그래서 죄가 없는 상태로 태어나셨다. 이것은 구속의 사역을 행하시기 위해서 필수적인 것이었다.

구속자의 직무

그리스도의 구속자의 직무는 하나님과 인간 사이에 유일한 중재자의 사역이다(딤전 2:5; 히 8:6, 12:24). 그리스도께서 이 직무를 감당하시기 위해서는 신성과 인성을 반드시 가지고 계셔야 했다.

그리스도의 직무는 먼저 하나님으로서 하나님과 인간 사이를 화평하게 하시는 것이었으며, 하나님의 계시를 인간에게 나타내시며, 자신의 죽음으로 자신의 백성의 죄를 속하시는 것이었다. 그리고 그리스도께서는 자신의 교회를 위해 모든 만물의 왕이 되셨다. 또한 그리스도께서 인간이 되셔야 하는 이유는 둘째 아담으로서 인간을 대표하고, 율법 아래에서 순종하고, 인간을 위한 죄의 형벌을 받으며, 우리와 같이 시험을 받으나 죄는 없으셔야 했기 때문이다. 그리스도께서는 신실하시고 자비로우신 대제사장으로서 자신의 백성을 긍휼히 여기셨다(히 2:17-18, 4:15-16).

구속자의 직무는 우리의 비참함과 관련된다. 선지자의 직무는 우리의 심령의 무지를 깨우치기 위한 것이며, 제사장의 직무는 우리의 죄책을 감당하기 위한 것이다. 그리고 왕의 직무는 우리를 죄와 오염으로부터 건져 내기 위한 것이다. 그리스도께서는 이 모든 직무를 자신의 백성과 관련해 이행하셨다(고전 1:30).

물론 이 직무에는 순서가 있다. 우선 선지자로서 자신의 백성을 영적으로 깨우치신다. 그리고 제사장으로서 의로움을 획득해 각성이 일어난 영혼에게 의를 부여하신다. 그리고 왕으로서 자신의 백성을 다스리시는 것이다. 그리스도의 구속자의 직무는 그분이 인간의 몸을 입고 낮아지신 상태와 승천해 하늘 보좌 우편에 계신 상태 모두에서 실행되고 있다.

16주 그리스도의 직무

질문 24. 그리스도께서 선지자의 직무를 어떻게 수행하십니까?

답 | 그리스도께서는 우리를 구원하시려는 하나님의 뜻을 말씀과 성령으로 계시하심으로써 선지자의 직무를 수행하십니다.

질문 25. 그리스도께서 제사장의 직무를 어떻게 수행하십니까?

답 | 그리스도께서는 단번에 자신을 희생 제물로 드려 하나님의 공의를 만족시키시고 우리를 하나님과 화목하게 하셨으며 우리를 위해 항상 간구하심으로써 제사장의 직무를 수행하십니다.

질문 26. 그리스도께서 왕의 직무를 어떻게 수행하십니까?

답 | 그리스도께서는 우리를 자신에게 복종시키시고, 우리를 다스리시고, 우리를 보호하시며, 자신과 우리의 모든 원수를 억제하시고 정복하심으로써 왕의 직무를 수행하십니다.

해 설

선지자의 직무

그리스도께서는 선지자로서, 우리의 구원을 위해 하나님의 뜻을 우리에게 나타내신다. 그리스도께서 구원을 위해 나타내시는 하나님의 뜻은 하나님의 모든 계획과 하나님이 우리의 구원을 위해 무엇을 어떻게 행하시는지를 알게 하시는 것이고, 그로써 믿게 하시는 것이다.

그리스도께서 우리를 가르치시는 방법은 외적으로는 자신의 말씀으로 가르치시는 것이고, 내적으로는 성령으로 거룩한 비밀을 가르치시는 것이다. 그래서 우리의 구원에 필요한 모든 것을 알게 하신다. 우선 그리스도께서는 우리를 가르치시되 먼저 우리 자신의 마음을 보도록 가르치셔서 우리가 얼마나 큰 죄인인가를 알게 하시며, 우리가 헛된 피조물임을 알게 하신다. 그리고 보이지 않는 것의 탁월성을 깨닫게 하신다. 그리스도께서는 우리로 하여금 영원한 영광의 중한 것을 알게 하신다.

그리스도의 가르치시는 직무의 탁월성

그리스도께서 가르치시는 것은 사람이 가르치는 것과 다르다. 사람은 단지 귀에다 가르칠 뿐이지만 그리스도께서는 마음에 진리의 빛을 비추어 영적 각성이 일어나게 하셔서 가르치신다. 그리스도께서는 말씀을 음미할 수 있도록 하신다. 단지 음식을 제공하는 것과는 다르다. 또한 그리스도께서는 우리로 순종하도록 가르치신다. 그리고 쉽게 가르치셔서 진리를 발견하는 일이 어렵지 않게 하신다. 한편으로 그리스도께서 가르치실 때 사람으로 기꺼이 배우게 하신다. 그래서 그들이 하나님의 말씀에 대해서 찬양하도록 만드시고, 그 안에서 행하도록 만드신다. 그리스도께서는 우리가 영적으로 각성되도록 가르치실 뿐만 아니라 영적으로 살아 생동감 있게 가르치신다.

제사장의 직무

제사장의 직무는 사람을 위해서 하나님께 희생의 제사를 드리는 것이다(히 5:1, 8:3). 그리고 사람을 위해 하나님께 간구하는 일을 맡고 있다(히 6:20, 7:24, 9:24). 그리스도의 제사장 직무는 율법의 제사장 직무와 다르다. 율법 아래에 있는 제사장은 아론의 반차를 좇은 제사장이지만 그리스도께서는 하나님으로서의 제사장이시다. 율법 아래에 있는 제사장은 죄가 있지만 그리스도께서는 죄가 없으시다. 율법 아래에 있는 제사장은 죽을 인생이기 때문에 그 숫자가 많지만 그리스도께서는 유일한 제사장이시며 영원히 계속적으로 거하신다. 율법 아래에 있는 제사장은 변하지만 그리스도께서는 변하지 않으신다.

그리스도의 제사장 직무

그리스도의 제사장 직무는 두 부분으로 구성되어 있다. 그리스도께서는 자발적 순종으로 모든 의로움을 성취하셨다. 그리스도께서는 율법에서 요구하는 모든 것을 행하셨으며, 그분의 거룩한 삶은 율법과 완전히 일치되는 것이었다(벧전 1:18-19, 2:24, 3:18; 롬 10:4). 그리고 그리스도의 수동적 순종은 우리의 모든 죄를 그분께 전가해서 그에 대한 심판을 받으신 것이다. 그리스도께서는 자신을 희생의 제물로 드리셨는데, 우리를 위한 희생 제사였다. 죄는 오직 피로 씻을 수 있는 것이다. 그리스도께서는 자신이 친히 제물이 되심으로 하나님의 공의를 만족시키셨다. 그분은 죄인을 위해 하나님께 바쳐진 제물이셨다. 즉 그리스도께서 친히 죽임을 당하심으로 우리의 죄와 죄에 대한 형벌을 담당하신 것이었다(벧전 2:24).

예수님은 자신을 대속물로 바친다고 말씀하셨다(마 20:28). 희생의 제물로 드려짐으로써 우리의 죄과를 제거하셨을 뿐만 아니라 하나님이 우리를 받아들이게 하셨다. 그래서 우리의 죄에 대한 하나님의 법정적 죄과는 제거되었으며, 하나님과 원수가 된 것도 제거되었다.

그리스도의 간구

그리스도께서는 하나님 아버지 앞에서 자신의 백성을 위해 간구하신다. 그리스도께서는 우리의 변호자로서 우리를 위해 간구하시고 기도하신다. 더욱이 그리스도의 중보는 계속되어 우리는 그리스도를 힘입어 하나님 보좌 앞으로 나아갈 수 있다. 하나님은 그리스도의 간구에 의해서 그분의 백성을 기꺼이 축복하시는 것이다. 따라서 우리가 시험을 당할 때는 그리스도께서 간구하시는 것을 생각해야 한다. 그리스도의 중보는 그리스도인에게 상당한 위로를 준다.

왕이신 그리스도

그리스도께서 왕이 되신 것은 성부가 정하셨기 때문이다(시 2:6-7). 하나님은 그리스도의 법적 직무로서 그분을 왕으로 세우셨다. 그래서 그리스도께서는 모든 권세를 가지고 계시며, 무한한 능력으로 다스리시는 것이다. 그리스도께서 왕이 되시는 것은 자신의 백성을 통치하시는 것이다(요 1:49). 그리스도께서는 자신의 백성의 마음을 지배하시고, 의지와 정서를 다스리시고, 양심을 주관하신다. 그리고 한편으로는 그리스도와 자신의 백성의 원수들에 대해서도 왕의 직무를 행하신다(시 110:2).

자신의 백성을 위한 왕이신 그리스도

첫째로, 그리스도께서는 자신의 백성에게 왕의 직무를 수행하신다. 그리스도와 하나님께 원수 되었던 자들을 부르셔서 자신의 백성으로 만드시는 것이기 때문에 그 백성을 자신에게 먼저 복종시키신다(골 1:21). 이렇게 그리스도께서 자신의 백성으로 세우기 위해서 먼저 복종시키시는 일은 성령을 통해서 이루어지는데, 죄와 하나님의 심판 아래에 있다는 것을 깨닫게 하셔서 오직 죄의 용서를 위해 그리스도를 찾아가도록 만드심으로 굴복시키시는 것이다.

둘째로, 그리스도께서는 자신의 백성을 다스리시면서 왕의 직무를 수행하신다. 그리스도께서는 율법으로 다스리시는데, 성령을 보내시어 그들의 마음속에 율법을 기록하시고, 또한 순종할 수 있도록 능력과 의지를 주신다.

셋째로, 그리스도께서는 자신의 백성을 왕으로서 보호하신다. 그리스도께서는 자신의 교회를 보전하시며, 이리 떼로부터 자신의 양들을 보호하신다. 그리고 그리스도께서는 왕으로서 자신의 백성에게 상을 내리신다. 그리스도께서는 자신의 백성에게 내적으로 평화와 기쁨을 주시며, 장래에 영원한 영광의 중한 것을 주실 것이다.

원수들에 대한 왕의 직무

그리스도와 그분의 백성의 원수들은 마귀, 세상, 육신이다. 그리스도께서는 원수들이 그분의 백성에게 관여하지 못하도록 그것들을 억제하고, 제한하며, 묶어서 제어하신다. 그리스도께서는 원수들의 능력을 제거하시고, 그들이 자신의 백성을 통치하지 못하게 하신다. 그리스도께서는 그들의 계략을 무위로 만드시고 폐하심으로써 정복하신다. 자신의 백성이 낮아지며, 보다 열정적인 기도를 드리고, 그들 스스로 매우 약해지며, 원수들이 보다 강력하게 일어날 때 그리스도께서는 왕으로서 특별히 자신의 백성을 건지신다.

17주 그리스도의 낮아지심과 높아지심

질문 27. 그리스도의 낮아지심이 무엇입니까?

답 | 그리스도의 낮아지심은 그분이 비천한 지위에서 탄생하신 것과 율법 아래에 계신 것과 이 세상에서 비천함을 겪으시다가 하나님의 진노와 십자가의 저주스런 죽음을 당하셨으며 장사되셔서 얼마 동안 죽음의 권세 아래 계셨던 것입니다.

질문 28. 그리스도의 높아지심이 무엇입니까?

답 | 그리스도의 높아지심은 장사된 지 3일 만에 죽음에서 부활하신 것과 승천하신 것과 하나님 아버지의 우편에 앉아 계신 것과 마지막 날에 세상을 심판하러 오시는 것입니다.

해 설

그리스도의 탄생

그리스도의 낮아지심은 탄생으로부터 시작해서 십자가에서 죽으심으로 마무리되었다. 그리스도께서는 그분의 탄생에서, 삼위 가운데 두 번째 위격이심에도 불구하고 사람의 몸을 입으심으로 낮아지셨다. 그리스도께서는 이 땅에 사람의 몸을 입고 오실 때에 화려한 왕궁이 아니라 천한 마구간에서 태어나셨다(눅 2:7). 이것은 타락한 인간을 회복하시기 위한 방법으로, 하나님 아버지의 특별한 계획에 의한 것이었다. 그리스도의 낮아지심은 하나님이 일찍이 약속하셨던 여자의 후손에 대한 성취이다. 하나님이 예수님을 처녀의 몸으로 오게 하신 이유는 그리스도께서 가장 순수하고 거룩한 제사장이셔야 하기 때문이었다. 물론 그리스도께서 성령으로 잉태되신 것은 신비로운 일이다.

그리스도의 생애

그리스도의 이 땅에서의 삶 자체가 낮아지신 것이다. 그리스도께서는 친히 율법의 종노릇을 하셨다(갈 4:4). 그리스도께서는 그분의 백성의 법적 책임을 지기 위해 율법 아래에서 완전한 순종을 행하셨다. 그리스도께서는 마귀의 시험을 받으셨다(마 4:1). 그리고 자신을 반대하는 자들로부터 음모와 비난과 조소를 받으셨다(마 10:25). 또한 분명히 인간의 몸을 입으신 상태에서 배고픔과 목마름, 피곤과 슬픔과 고뇌를 겪으셨다(사 53:3). 그리스도께서 이렇게 낮아지심으로 생애 자체가 고통을 당하신 것은 하나님으로부터 그분의 백성을 위한 유익을 얻으시기 위해서였다(롬 10:4; 고후 5:21; 갈 4:5-6).

그리스도의 죽음

그리스도께서는 우선 자신의 죽음을 예고하셨다. 그리고 유다가 배반하는 것을 허용하시고, 군인들이 붙잡아 가는 것을 허락하셨다. 그리스도께서는 자신의 제자인 베드로가 부인하는 말을 들으셨으며, 사람들로부터 침 뱉음과 구타를 당하셨으며, 빌라도의 채찍과 정죄를 당하셨다. 사람들에게 모욕을 당하셨다. 그리고 그리스도께서는 십자가의 죽음을 통해서 낮아지셨는데, 십자가의 죽음은 저주받은 치욕스러운 죽음이었으며, 감당할 수 없는 육체의 고통이 수반되는 죽음이었다. 그 후에 그리스도께서는 장사되셨으며, 3일 동안 죽음의 권세 아래 계셨다.

이러한 그리스도의 죽음은 우리의 구원을 위한 것으로서, 우리가 그리스도의 피로 말미암아 죄 사함 받는다는 것을 확신시켜 준다(엡 1:7).

그리스도께서 죽으심으로 낮아지신 것은 우리도 주님과 같이 낮아져야 하는 것을 가르쳐 준다(마 11:29). 그리스도께서 우리의 죄를 위해 십자가에 죽으셨기 때문에 그분의 피로 구속받은 우리는 더 이상 죄 가운데 살 수가 없다. 그래서 우리는 죄에 대해서 죽어야 한다(롬 6:8, 11).

그리스도의 부활

그리스도의 높아지심의 요소는 가장 먼저 그리스도의 부활이다. 그리스도께서는 장사된 지 3일 만에 부활하셔서 제자들에게 나타나셨다(고전 15:4-5). 그분은 우리의 의로움을 위해 다시 사셨다(롬 4:25). 그리스도께서는 부활로 율법과 공의의 모든 요구를 그분의 백성을 위해서 맞추셨다. 또한 그리스도의 부활은 그분의 성도들의 부활의 보증이기도 하다.

그리스도의 칭호

그리스도의 높아지심은 부활하신 후에 주어진 그리스도의 칭호에 있다. 하나님은 그리스도께 모든 권세를 주셨으며(마 28:18), '주'(Lord)라는 칭호를 주셨다. 그로써 모든 피조물이 그리스도 앞에 무릎 꿇도록 하셨다. 그리스도께서는 모든 이름 가운데 뛰어난 이름을 가지셨다(빌 2:9).

그리스도께 입 맞추라는 것은 그리스도께 충성과 사랑을 보여야 한다는 것을 말한다(시 2:12). 그리스도께서는 왕 중의 왕으로 높임을 받으셨다(계 1:5). 그래서 그리스도께서는 모든 영광의 칭호를 가지고 계신 것이다. 그리스도께서는 이 세상의 구주로 높임을 받으신다. 그리스도를 '구원의 뿔'이라고 부르는 이유가 여기에 있다(눅 1:69). 그리스도께서 죄와 진노로부터 구원하시기 때문에 모든 성도는 자신들의 구세주로서 그리스도를 찬양해야 한다(계 5:9).

그리스도의 승천

그리스도께서는 부활하신 후 승천하셨다. 제자들은 그리스도께서 승천하시는 광경을 직접 지켜보았다. 그리스도께서는 제자들을 축복하신 후 하늘로 올라가셨다. 그리스도의 승천은 그분이 정복자로서 승리하신 것이다. 그리스도께서는 죄와 죽음과 지옥에 대해서 승리하셨다. 그래서 그리스도의 승리는 신자들의 승리이다. 그리스도의 승천의 열매는 성령을 우리의 심령 가운데 보내신 것이다. 그리스도께서는 우리에게 성령을 선물로 주셨으며, 왕으로서 자신의 사랑하는 자들에게 은사들을 자유롭게 수여하신다.

하나님 아버지 우편에 앉으심

그리스도께서는 하늘로 올라가셔서 아버지의 우편에 앉아 계신다. 보통 왕들은 자신이 가장 좋아하는 자를 자신의 오른편에 앉게 한다. 그리스도께서 아버지 우편에 앉아 계시다는 것은 엄위와 영광에 있어서 아버지 다음이시라는 것이다. 따라서 그 어떤 것도 그리스도보다 높을 수 없다는 것이다. 우리는 마땅히 그리스도를 높이고 경배해야 한다. 그리스도께서는 하나님 우편에 앉으셔서 그분의 백성을 위해 중보 기도 하신다(롬 8:34). 그리고 그들을 위해 천국에서 처소를 예비하고 계신다(요 14:2). 그리스도께서 하나님 우편에 앉아 계신다는 것은 그리스도께서 모든 권세를 가지고 구속의 사역을 실행하고 계신다는 것이다. 이 사실은 우리에게 위로를 준다.

세상의 심판자

아버지께서는 모든 심판을 아들에게 맡기셨다. 마지막 날에 그리스도께서는 아버지의 영광 가운데 오실 것이다(마 25:31-32). 그리스도께서는 천군 천사와 함께 영광스럽게 나타나셔서 세상을 각 사람의 행위에 따라 의로 심판하실 것이다(행 17:31). 이것은 가장 탁월하고 뛰어난 최고의 영광일 것이다.

18주 구속의 적용

질문 29. 우리가 그리스도께서 값 주고 마련하신 구속에 어떻게 참여합니까?

답 | 우리는 그리스도께서 값 주고 마련하신 구속을 우리에게 유효하게 적용하시는 성령의 사역에 의해 참여합니다.

질문 30. 성령이 그리스도께서 값 주고 마련하신 구속을 우리에게 어떻게 적용하십니까?

답 | 성령은 우리 안에 믿음을 발생시키심으로, 그리고 유효한 부르심 가운데 그리스도께 연합되게 하심으로써 그리스도께서 값 주고 마련하신 구속을 우리에게 적용하십니다.

해 설

그리스도에 의해 마련된 구속

구속이란 종과 포로가 된 상태에서 대가를 지불해서 건져 주는 것을 의미한다. 즉 우리는 우리의 죄에 대해서 갚을 능력이 없기 때문에 죄의 대가로 팔릴 수밖에 없다. 우리의 죄의 대가를 누군가가 지불해 주어야 팔려 나가는 것을 피할 수 있다.

우리는 그리스도의 보혈로 구속되었다. 그리스도께서 자신의 피로 우리의 죄에 대한 대가를 지불하셨다(고전 6:20). 그래서 우리를 죄로부터 구속하셨다(히 9:26). 그리고 우리를 죄의 힘과 죄로 인한 율법의 저주로부터 구속하셨다. 그래서 우리는 죄의 지배를 받지 않는다. 죄에게 더 이상 끌려다니지 않게 되었다.

불신자들은 두 가지 측면에서 정죄를 받는데, 하나는 율법으로부터이고, 다른 하나는 그리스도를 무시한 것 때문이다. 그러나 우리는 이러한 정죄로부터 건짐을 받았다. 그리스도께서는 우리를 영광스러운 유업으로 구속하셨다. 우리를 감옥에서 빼내 주셨을 뿐만 아니라 하늘의 유업을 얻을 수 있게 하셨다. 이 땅의 모든 것은 썩는 것이지만 하늘의 유업은 썩지 않는다. 이러한 모든 축복은 그리스도의 보혈의 구속을 통해서 얻어지는 것이다.

우리의 힘으로 구속을 적용할 수 없다

우리는 죄와 허물로 죽었기 때문에 그리스도께서 마련하신 구속을 스스로의 힘으로 우리 자신에게 적용할 수 없다. 오히려 우리의 의지는 이러한 것을 거부한다(롬 8:7; 요 5:40). 영적으로 죽었기 때문에 이러한 구속을 소중히 여기거나 필요로 하지 않는다. 그것의 가치도 모르고 인식하지도 못한다(고전 2:14; 고후 4:4). 즉 인간의 자연적 상태에서는 죄가 훨씬 자연스러우며, 죄에서 벗어나고 싶은 마음이 없다(롬 8:7; 요 8:34, 42-45). 따라서 그리스도께서 마련해 놓으신 구속이 인간의 결심으로 자신에게 적용된다고 말하는 것은 잘못된 것이다.

성령의 유효한 역사가 있어야 한다

복음을 전하는 외적 수단이 필요하다(행 13:38, 46-47). 그러나 단지 복음을 전하는 것만으로는 그 영혼이 깨어나지 않는다. 그리스도의 구속이 실제적으로 적용되기 위해서는 반드시 성령의 유효한 부르심이 있어야 한다(요 3:3, 5; 갈 5:22-23).

이것은 하나님이 정하신 구원의 방식이다. 그래서 성부와 성자가 성령을 보내신 것이다(요 15:26). 성령은 우리 영혼을 거룩하게 하는 작업을 하신다(살후 2:13; 벧전 1:22). 이것을 '중생의 씻음과 성령의 새롭게 하심'이라고 한다(딛 3:5-6).

성령의 이러한 역사를 '새로운 피조물이 되게 하시는 것'이라고 부른다(고후 5:17). 성령이 우리의 영혼을 깨우치시고 새롭게 창조하시는 것이다. 그래서 니케아 신조에서는 성령을 '생명을 주시는 주'라고 불렀다. 물론 이것은 모두가 누리는 은혜는 아니다. 오직 선택을 입은 자에게만 적용되는 것이다.

구속의 적용

구속의 적용은 그리스도께서 이루어 놓으신 속죄를 선택된 백성에게 실제로 적용 혹은 소유할 수 있도록 하는 것이다. 이것은 성령이 하시는 일이다. 성령이 영혼을 깨우치시고, 영혼 안에 믿음의 씨가 싹트도록 하시는 것이다.

믿음의 종류

믿음에는 네 가지 종류가 있다. 첫 번째로 역사적 믿음이 있는데, 이는 교리에 대해서 동의하는 믿음이다. 두 번째로 일시적 믿음은 한때 영적 각성이 있어서 믿는 것 같았는데, 결국에는 믿음에서 떠나는 믿음이다. 세 번째로 기적의 믿음이 있다. 이것은 은사적 믿음으로, 때로는 귀신을 쫓아내기도 하며 기적을 일으키는 것이다. 네 번째로 칭의의 믿음이 있다. 이것은 자신의 불의와 죄를 철저히 깨달은 상태에서 구원이 그리스도 안에 마련되었다는 것을 알고 그리스도를 전적으로 의지하는 것이다. 칭의의 믿음은 십자가에 못 박히신 그리스도께서 자신의 죄를 위해 돌아가신 것과 예수님이 얼마나 소중하며 귀하신 분인지를 깨닫고 의지하는 것이다.

그리스도의 적용

그리스도를 자신에게 적용하기 위해서는 먼저 자신이 죄인이라는 사실과 자신의 죄로 인해 하나님의 심판이 자신에게 임할 것을 깨달아야 한다. 그리고 자신의 행위 가운데 의로운 것이 하나도 없다는 사실에 애통해야 한다. 더욱이 자신이 의로운 행위를 해보려고 하지만 할 수 없다는 사실에 더욱 근심해야 한다. 이렇게 자신의 영적 질병이 심각하다는 것을 깨달아야만 예수 그리스도의 보혈로 고침을 받을 수 있다.

이처럼 그리스도를 적용하려면 먼저 자신의 불의와 죄를 철저히 인정하고, 그것을 고치기 위해 그리스도를 필요로 하는 상태에 있어야 한다.

이러한 상태가 되어야 그리스도를 가장 귀하게 여기게 되며 그리스도를 붙잡기 때문이다.

믿음은 어떻게 발생하는가?

믿음은 성령이 사람의 마음에 일하심으로 발생된다. 성령은 우리의 마음을 깨우치신다. 그리스도 안에 있는 구원의 유익을 알아볼 수 있는 눈을 열어 주시는 것은 성령의 역사이다. 성령은 영적인 것을 원하지 않으며 육적인 것과 자연적인 것에 더욱 마음을 두고 있는 우리의 의지를 굴복시키신다. 또한 의지를 갱신시켜서 우리로 그리스도를 붙잡게 하신다. 이렇게 그리스도를 붙잡을 때 그 믿음으로 그리스도께 연합되며 그리스도 안에 있는 의를 덧입게 되는 것이다. 그리스도 안에 연합됨으로 그리스도와 그분의 백성 사이에는 상호 내주의 관계가 세워진다 (요 14:17-20).

19주 성령의 유효한 부르심

질문 31. 유효한 부르심이 무엇입니까?

답 | 유효한 부르심은 우리의 죄와 비참함을 깨닫게 하시고, 우리의 마음을 밝혀 그리스도를 알게 하시며, 우리의 의지를 갱신시키시는 성령의 사역입니다. 성령은 우리를 설득해 복음 안에서 값없이 주시는 예수 그리스도를 붙잡게 하십니다.

질문 32. 유효한 부르심을 받은 자들이 이 땅의 삶에서 얻는 유익들이 무엇입니까?

답 | 유효한 부르심을 받은 자들은 이 땅의 삶에서 칭의, 양자 됨, 성화를 얻고, 그것들로부터 여러 가지 유익을 얻습니다.

해 설

외적인 부르심

많은 사람이 복음 사역자들을 통해 복음에 대해서 듣는다. 이렇게 복음을 증거하는 가운데 부르시는 것을 '외적인 부르심'이라고 한다.

그러나 이러한 부르심에도 불구하고 믿는 자는 그 숫자가 적다(마 22:14). 왜냐하면 많은 사람이 복음을 이해할 수 없으며, 예수님이 왜 필요한지를 실제적으로 깨닫지 못하기 때문이다(마 13:11-13). 따라서 믿기 위해서는 이러한 외적인 부르심의 수단 위에 반드시 성령의 역사가 있어야 한다. 외적인 수단 위에 성령의 유효한 역사가 있을 때 하나님의 은 나팔 소리를 듣게 되며, 비로소 그리스도의 필요성과 소중성을 알게 되는 것이다.

부르심이라고 하는 이유

부르심이라고 하는 이유는 그들의 죄로부터, 그리고 무지와 불신앙으로부터 불러내시는 것이기 때문이다(벧전 1:4). 우리는 본질상 어둠에 갇혀 있다. 따라서 우리를 어둠에서 빛으로 불러내시는 것이고, 위험으로부터 불러내시는 것이다.

이것은 마치 천사들이 롯을 소돔과 고모라 땅에서 불러내기 위해 간 것과 같다. 하나님의 심판이 있기 전, 먼저 자신의 백성을 심판의 장소에서 불러내어 심판을 면하게 하신다. 또한 하나님은 우리를 세상으로부터 불러내신다. 그래서 우리는 이 세상에 살지만 이 세상에 속해 있지 않고 하늘에 속해 있는 것이다.

이렇게 하나님은 우리를 죄와 심판과 세상으로부터 불러내신다. 그리고 거룩함으로 불러내시어 하나님의 백성 가운데 있게 하신다.

유효한 부르심의 요소들

유효한 부르심은 오직 성령의 역사인데, 이것은 우리의 마음과 의지에 일어나는 것이다. 성령은 먼저 우리의 죄를 깨닫게 하시고, 그 죄에 대한 하나님의 심판이 있다는 것을 알게 하신다(요 16:8). 우리의 죄를 구체적으로, 그리고 분명하게 알게 하시며, 그로 인한 하나님의 진노가 엄중하다는 것을 알게 하신다. 이때는 양심이 눌리고, "어떻게 해야 구원을 얻을 수 있는가?" 하는 부르짖음이 있게 된다. 특히 성령은 율법을 가지고 우리의 죄를 깨닫게 하신다(롬 3:20, 7:7).

이렇게 성령은 죄를 깨닫게 하신 다음에 우리의 마음을 밝히셔서 그리스도를 알게 하신다. 즉 영적인 눈을 열어 주셔서 복음에서 제시하고 있는 그리스도에 대해 알게 하시는 것이다(행 26:17-18). 그리고 성령의 유효한 부르심 속에서 우리의 의지를 갱신시키셔서 그리스도를 붙잡게 하신다(겔 36:26). 의지가 갱신되기 전에는 그리스도를 붙잡지 않지만 의지가 갱신되어서 기꺼이 그리스도께로 달려가도록 만드시는 것이다.

유효한 부르심의 원인

하나님이 이렇게 우리를 불러내신 것은 선택하셨기 때문이다. 이것은 구원의 은혜가 온전히 하나님으로부터 왔음을 증거하는 것이다. 우리에게는 구원을 얻을 만한 어떤 공로나 업적도 없으며, 오직 하나님이 선택하셨기 때문에 부르심을 받는 것이다.

유효한 부르심의 효과

성령의 유효한 역사로 인해 회개와 믿음이 일어난다(엡 2:8). 이때 믿음은 도구가 되어서 그리스도를 붙잡을 수 있게 한다. 즉 성령의 역사로 죄를 깨닫고, 죄의 용서를 필요로 하는 상태에서 복음에 계시된 그리스도 안에 죄의 용서가 있다는 것을 알게 된다(요 3:18). 그래서 죄의 용서와 자신의 불의를 덮기 위해서 그리스도께로 가는 것이다(요 6:37). 이때 그리스도께 가는 것과 그리스도를 붙잡는 것을 '믿음'이라고 부른다. 이렇게 죄인에게 성령이 유효하게 역사하심으로 회개와 그리스도를 필요로 하는 믿음이 일어나게 되는 것이다.

믿음의 효과

성령의 유효한 역사로 인해 발생된 믿음을 가지고 그리스도를 붙잡게 되면 그리스도와 연합하게 된다. 즉 믿음으로 그리스도께 연합되는 것이다(롬 6:3). 이렇게 그리스도께 연합되면 그리스도 안에 하나님이 마련해 놓으신 유익을 누릴 수 있게 된다. 하나님 아버지께서 그리스도 안에 마련해 놓으신 구원의 유익은 칭의, 양자 됨, 성화, 그리고 그것들로부터 나오거나 동반되는 유익이다.

그리스도 안에 있는 유익들

믿음으로 그리스도께 연합되면 누리는 유익으로는 우선 칭의가 있다. 칭의는 죄 용서함과 의롭다 여김을 받는 것이다. 죄를 용서받을 뿐만 아니라 의롭다 여김을 받기 때문에 이제 하나님 아버지 앞에 담대히 나아갈 수 있게 된다. 의롭다 여김을 받는 것은 하늘 법정에서 양심에 선언되는 것이기 때문이다.

또 다른 유익은 양자 됨이다. 그래서 그 영혼은 하나님을 향해 "아빠 아버지"라 부르며 자신의 구원에 대해서 확신을 가질 수 있게 된다(롬 8:15). 이렇게 칭의와 양자 됨은 그리스도 안에 있는 유익으로서 신분적인 것을 나타낸다.

그리스도 안에 있는 유익 중에 실제적인 삶 속에서 변화를 주는 것이 있는데, 그것은 성화이다. 의롭다 여김을 받은 자는 거룩한 삶을 살 수 있으며, 또한 살아야 한다. 그리스도 안에 거룩하게 하는 은혜가 있기 때문에 계속해서 이 은혜가 필요하고, 더욱 거룩한 삶으로 변화가 일어나는 것이다.

이것들로부터 실제적인 삶의 변화를 얻는 유익은 하나님의 사랑에 대한 확신과 양심의 평화이다. 성령 안에서 즐거워하는 것과 은혜가 계속해서 증가되는 유익도 누릴 수 있다. 그리고 무엇보다도 마지막까지 우리를 견인하는 은혜가 있다(빌 1:6).

유익들을 분리할 수 없다

믿음으로 그리스도께 연합되기 때문에 이러한 네 가지 유익들을 동시에 누릴 수 있는 것이다. 앞의 두 가지는 신분적인 것이고, 뒤의 두 가지는 실제적인 삶의 변화에 필요한 유익이다. 따라서 앞의 두 가지 신분적인 변화의 유익을 얻었다면 반드시 실제적인 삶의 변화인 뒤의 두 가지 유익이 따라 나와야 한다. 만약 어떤 사람이 의롭다 여김을 받았다고 하는데 거룩한 삶이 없고, 견인의 삶이 없다면 아직 칭의가 일어나지 않은 것이다.

네 가지 유익들은 구별되지만 분리되지 않고 서로 연결되어 있으며, 그리스도 안에 있는 유익들이기 때문에 칭의가 일어났다면 반드시 성화와 실제적인 삶의 변화라는 유익들이 있어야 한다. 따라서 유효한 부르심의 효과로서 네 가지 유익들을 얻게 되는 것이며, 이것은 이 땅의 삶 속에서 분명하게 삶의 변화로 나타나게 된다.

20주 칭의

질문 33. 칭의가 무엇입니까?

답 | 칭의는 하나님이 값없이 주시는 은혜의 행위이고, 이로써 그분이 우리의 모든 죄를 용서하시고 우리를 자기 앞에서 의로운 자로 받아 주십니다. 이것은 오직 그리스도의 의를 우리에게 전가하시는 일이며, 우리는 오직 믿음으로만 받습니다.

해 설

은혜의 행위

칭의란 의롭게 만드시는 것이 아니라 의로운 자라고 선언하시는 것이다. 칭의는 정죄의 반대말이다(롬 8:34). 정죄는 율법을 어긴 것에 대해서 선언하는 것이다. 같은 방식으로 칭의는 사람에게 의를 주입하는 것이 아니라 의로운 자라고 선언하는 것이다. 이는 하나님의 은혜로운 행위이다. 행위라고 부르는 이유는 하나님이 재판관으로서 단번에 선언하시는 것이기 때문이다. 더욱이 믿음, 회개, 선행은 칭의와 관련해 하나님 앞에 공로가 될 수 없다. 이것들은 하나님이 주신 선물들이기 때문이다.

법정적 용어

칭의는 한 번에 완전히 이루어지는 것이다. 이것은 점진적 사역이 아니다. 절대적인 심판자이신 하나님의 법정적 행위이다. 이 용어는 법정에서 빌려온 것이다. 법정에서 공개적으로 용서를 받았다고 선언을 받을 뿐만 아니라 의로운 자로 선언되는 것이다. 그래서 하나님이 그를 마치 죄를 짓지 않은 것처럼 보시는 것이다. 이것은 값없이 주시는 하나님의 은혜이다. 즉 하나님이 우리를 의롭다 하시는 것이다(롬 8:33).

칭의의 구성 요소

하나님의 은혜의 행위로 우리의 모든 죄가 용서받았다. 용서는 하나님의 주권으로 율법의 심판을 면제해 주는 것이다(롬 8:1). 용서는 우리가 하나님의 계명을 다 지키지 못한 것을 지킨 것으로 간주해 주는 것이다. 용서는 마땅히 받아야 할 형벌로부터 방면되는 것을 의미하며, 더 나아가서 신분의 회복을 의미한다.

칭의의 또 다른 요소는 의로운 자로 간주되는 것이다. 하나님 앞에서 우리를 의로운 자로 받아 주는 것이다. 인간은 율법의 모든 규정을 지켜야 의로워질 수 있다. 그러나 우리 주 예수께서 율법의 요구들을 충족시키시고 율법의 규정들을 만족시키심에 근거해서 우리가 의로운 자로 선언될 수 있는 것이다(롬 5:19).

그리스도의 의의 전가

그리스도의 의로 말미암아 우리가 칭의를 얻는 것이다(롬 3:24). 여기에서 그리스도의 의는 우리에게 전가되며, 믿음으로써 그리스도의 의를 받는 것이다. 그리스도의 의는 오직 믿는 자에게 전가되는 것이다. 그리스도의 의는 그리스도께서 율법 전체에 대한 완전한 순종과 죽음에 자신을 내어놓음으로 아버지께 완전한 순종을 하셔서 확보해 놓으신 것이다. 그리스도께서 이루신 의를 우리가 이룬 것처럼 여겨서 우리의 것이 되는 것이다(롬 5:18, 3:10, 20; 엡 2:9; 갈 2:16; 빌 3:9).

오직 믿음으로 의롭게 된다

오직 믿음으로 의롭게 된다는 것은 자신의 어떤 행위로도 의로워질 수 없다는 것을 철저히 인정하는 것을 의미한다(롬 3:28). 즉 자신의 불의를 철저히 인정하고, 자신의 행위로 도무지 하나님의 기준에 이를 수 없다는 것을 인정하는 것이다. 그래서 자신의 불의를 덮기 위해서 하나님의 은혜를 바라보고, 그리스도의 의로 덧입기를 갈망하는 것이 있어야 한다.

이러한 면에서 율법주의자들은 지킬 수도 없는 율법을 지켜서 의롭다 하심을 받으려고 하는 것이다. 율법주의자들은 자신들의 불의와 연약함을 인정하지 않으며, 지키지도 못한 율법을 자신들이 지킨 것처럼 생각해 매우 교만하다(롬 10:3). 따라서 믿음으로 말미암는 칭의는 오직 하나님께 영광을 돌리며, 인간 안에 어떤 자랑할 만한 요소가 없다는 것을 확증하는 것이다(롬 3:27).

의롭게 하는 믿음

의롭게 하는 믿음은 오직 그리스도만을 바라보고 의지하는 것이다. 이 믿음은 그리스도의 의를 적용시키는 도구가 된다. 따라서 의롭게 하는 믿음은 자신의 행위나 의로움을 포기하고 오직 하나님의 은혜만을 바라보는 상태이다. 이것은 성령의 역사로 되는 것으로서, 자신의 어떠한 행위를 가지고 스스로 죄를 없앨 수 없다는 것과 자신을 의롭게 할 수 없다는 것을 인정하고, 자신의 죄를 씻기 위해서는 그리스도의 피가 필요하고, 자신의 불의를 덮기 위해서는 오직 그리스도의 의가 필요하다는 것을 깨달아서 그리스도만을 의지하는 것이다. 이것이 의롭게 하는 믿음이다.

의롭게 하는 믿음은 단순히 그리스도의 역사적 사실을 인정하거나 수용하는 것이 아니다. 아직도 자신의 죄를 깨닫지 못하고 그리스도의 의가 왜 필요한지 모르는 상태라면 믿음이 발생하지 않은 것이다. 만약 자기 스스로의 의를 포기하지 않고, 자신의 종교적 행위에 대해서 긍정적으로 생각하며, 당연히 의롭게 될 것이라고 생각한다면 구원의 길에서 멀리 있는 것이다. 의롭게 하는 믿음의 특징은 심령이 가난하고 낮아진 상태로서 전적으로 그리스도만을 바라보고 의지하는 것이다.

믿음 이후

행위가 아니라 오직 믿음으로 의롭게 되기 때문에 믿음 이후에 행위가 없어도 된다고 생각할 수 있다. 한편으로 죄 용서함을 받았으며 이제 정죄함이 없기 때문에 계속 죄를 지어도 구원에 어떤 영향을 주지 않는다고 생각할 수도 있다.

  하지만 이는 모두 잘못된 생각이다. 성령이 구원이 유효하도록 선택된 사람의 심령에 역사하시는 가운데 생명에 이르는 회개가 일어나게 하시고, 구원에 이르는 믿음이 발생되게 하신다. 이렇게 성령이 역사하실 때 심령에 거룩한 성질을 심으셔서 죄를 미워하고 싸우는 영적 성향과 거룩한 것을 사모하는 영적 성향이 있게 하신다. 따라서 진정으로 의롭게 된 자라면 반드시 죄를 미워하고 거룩을 추구하게 되어 있다.

21주 양자 됨

질문 34. 양자 됨이 무엇입니까?

답 | 양자 됨은 하나님의 값없이 주시는 은혜의 행위이고, 이로써 우리는 하나님의 자녀로 받아들여져서 모든 특권을 누립니다.

해 설

양자 됨

그리스도께서 하나님의 아들이신 것과 우리가 하나님의 아들이 되는 것은 다른 것이다. 그리스도께서는 영원 전부터 아들이셨으며, 우리는 양자가 되어 하나님의 아들이 되는 것이다. 양자가 된다는 것은 외인이었던 자가 아들의 권한을 가지고 유업을 이을 수 있게 된 것을 의미한다. 이것은 모세가 바로의 공주의 아들로 입양되었던 것과 같다. 하나님이 우리를 하늘의 가족으로 받아들이신 것이다.

하나님은 우리를 양자로 받아 주실 때 그분의 이름을 갖게 하심으로 고귀하게 만드셨다. 그리고 성령으로 우리를 거룩하게 구별하셨다. 즉 하나님이 우리에게 새로운 이름을 주셨을 뿐만 아니라 새로운 성질을 주신 것이다(벧후 1:4).

양자 된 상태

하나님이 우리를 양자로 받아 주신 것은 죄와 비참한 상태에서 건져 주신 것이다. 그리고 죄의 종 된 상태에서 건져 주시고, 하나님의 유업을 얻게 하신 것이다. 양자 됨으로 우리는 자유로운 상태가 되었다. 양자로 받아들여졌다는 것은 이처럼 상태의 변화를 의미한다. 그래서 죄의 지배로부터 자유로워졌으며, 사탄의 지배로부터 벗어날 수 있게 되었다.

더욱이 양자 된 상태는 자유롭게 하나님을 예배하는 상태가 된 것을 말한다. 양자 됨으로 기쁘고 즐거운 심령으로 하나님을 예배할 수 있게 되었다.

하나님이 우리를 양자로 받아 주셔서 우리는 하늘의 별과 같은 존재가 되었다. 하나님의 눈에 우리는 보석 같은 존재가 되었다(사 43:4). 하나님은 우리를 자녀로 받아 주심으로써 자신의 나라를 우리에게 주기를 기뻐하셨다(눅 12:32). 하나님 나라는 이 땅의 어떤 왕국과도 비교할 수 없는 영광스러운 것인데, 자녀로 삼으신 우리에게 주신다.

양자 됨의 도구

믿음은 우리를 영적으로 깨어나게 하는 은혜이다. 믿음은 양자 됨의 특권에 대해서 우리로 관심을 가지게 만든다. 믿음은 그리스도 안에 있는 양자 됨의 특권을 알게 해서 그리스도께로 달려가도록 만든다. 이렇게 믿음으로 그리스도를 붙잡을 때 그리스도께 연합되어 양자 됨의 유익을 누리게 되는 것이다.

양자 됨의 증거들

양자 됨의 첫 번째 증거는 순종이다. 이는 자녀가 아버지께 순종하는 것과 같다. 진정으로 양자 된 자는 하나님의 약속을 믿을 뿐만 아니라 순종한다. 그래서 하나님을 영화롭게 하는 것이다. 그리고 하나님의 계명을 사랑하게 되어 있다. 이것은 하나님의 자녀 된 모든 이에게 나타나는 증거이다. 그래서 하나님의 자녀들의 순종에는 통일성과 지속성이 있다.

두 번째 증거는 아버지의 임재를 사랑하는 것이다. 자녀들이 아버지가 나타나는 것을 기뻐하고 그 곁에 있으려고 하는 것과 같다. 또한 아버지의 음성을 듣고 좋아하는 것과 같다.

세 번째 증거는 성령의 이끄심을 받는 것이다. 하나님의 자녀로 받아들여졌지만 아직도 부패성이 남아 있기 때문에 성령의 인도하심을 받아 육신을 죽이는 것이다. 이는 악인이 사탄에 의해 인도함을 받는 것과 대조된다.

양자 됨의 특권

왕의 자녀들은 특별한 권리와 자유를 가지고 있다. 하나님의 자녀는 율법의 저주로부터 해방되었다. 그 어떤 것도 하나님의 자녀를 정죄할 수 없다. 양자 된 자는 그리스도를 통해서 성령에 의해 하나님 아버지께 나아갈 수 있다(롬 4:21; 엡 3:12; 요일 5:14-15).

하나님의 자녀는 모든 약속의 유익들을 얻을 수 있다. 약속은 하나님의 자녀의 양식에 해당된다(히 6:17). 그리고 양자 된 자들은 세속적인 악과 영적인 악으로부터 보호를 받으며, 영혼과 육신에 필요한 모든 것을 하나님 아버지로부터 공급받는다. 또한 하나님은 하늘 아버지로서 우리의 부패성과 죄악된 습관을 고치시기 위해서 우리를 징계하시고, 기도를 들으시고, 결국에는 천국의 유업을 얻게 하신다.

양자 됨의 특권 가운데 하나는 성령의 위로를 받는 것이다(요 7:38-39, 16:13). 양자 됨은 값없이 주시는 은혜이며 하나님의 능력이다. 따라서 우리는 이것을 생각할 때 감사할 수밖에 없다.

22주 성화

질문 35. 성화가 무엇입니까?

답 | 성화는 하나님의 값없이 주시는 은혜의 행위이고, 이로써 우리의 전 인격이 하나님의 형상을 따라 갱신되고, 죄에 대해서 더욱 죽고 의에 대해서 더욱 살게 됩니다.

해 설

성화의 주된 은혜

성화에는 거룩한 용도로 구별했다는 의미(요 10:36)와 정결하고 순수하게 만들었다는 의미(고전 6:11; 히 13:12)가 있는데, 여기에서는 후자의 의미로 사용되었다.

중생과 성화 모두 하나님이 거저 주시는 은혜이지만, 성화는 점진적인 사역이다(고후 3:18). 이는 성령의 초자연적 능력에 의해서 효과가 나타나는 것이다. 성화는 구원의 은혜의 주된 원리인데, 이로써 마음이 거룩해지며, 하나님의 마음을 따라 이루어지는 것이다.

아담의 타락 후 우리는 본질상 오염되어 있다. 지성은 어두움으로 가득 차 있으며, 정서는 탐욕과 욕망을 추구하고, 의지는 거룩한 것을 찾지도, 구하지도 않는다.

따라서 하나님이 부패되고 더러운 심령을 정결하게 씻으시고, 그 가운데 거룩한 성질을 심으시는 것이다. 이러한 이유로 성화는 주로 우리 마음에 일어나는 것이며, 우리의 영혼에 깊이 심기는 것이다. 그리고 지성과 정서와 의지에 영향을 주어서 전인격에 변화가 일어나서 새로운 사람이 되는 것이다(골 3:10).

하나님의 형상을 따라 갱신되는 것

성화에 있어서 성령의 사역의 효과는 전인격이 갱신되는 것이다. 이것은 몸과 마음 모두 우주적인 변화가 있어야 한다는 것을 의미한다.

영혼이 갱신된다는 것은 그 기능들이 새로워져서 새롭고 변화된 삶이 영적인 습관 속에 자리를 잡는다는 것을 의미한다. 몸 역시 갱신되어서 주께 굴복하며, 하나님을 예배하는 삶을 추구하게 되는 것이다. 이러한 갱신이 하나님의 형상을 회복하는 데로 나아간다는 것은 지식과 의와 거룩함이 더욱 분명하게 드러난다는 것을 말한다(골 3:10).

성화의 수단

성화의 내적인 수단은 믿음이다. 믿음은 우리를 의롭게 하는 도구이지만 이로써 그리스도와 연합되며, 진리의 능력을 경험하게 한다. 결국 우리가 내적인 경험을 하게 만든다. 그래서 믿음으로 그리스도 안에 연합되어서 성령의 교통하심 속에서 더욱 거룩해지는 것이다.

성화의 외적인 수단은 성경에 계시된 진리이다(요 17:17, 19; 벧전 1:22, 2:2). 따라서 하나님의 말씀을 읽고 설교를 들어야 한다. 또 다른 외적인 수단으로는 성례(마 3:11)와 기도(요 14:13)가 있다. 반드시 성령의 역사가 있어야 이러한 수단들이 효과가 있다. 하나님의 섭리에 따른 은혜로운 징계도 성화의 외적인 수단이다(히 12:5-11). 징계를 통해서 죄를 버리고 더욱 거룩함을 추구하게 된다.

성화의 효과들

성화의 효과 혹은 구성 요소는 먼저 옛 사람이 죽는 것이다. 즉 옛 사람의 습관과 정서, 정욕적인 삶이 파괴되는 것이다(갈 5:24). 그리고 은혜의 원리들이 심령 속에서 더욱 강화되어서 영혼의 모든 기능이 은혜의 지배 아래 있게 된다. 그래서 더욱 순종하고 의에 대해서 살아가게 되는 것이다. 이러한 이유로 비록 하나님 앞에 공로의 근거는 될 수 없지만 선행이 나오게 된다(엡 2:10; 요 14:21).

성화는 전인격에 영향을 준다. 즉 지적인 면과 정서적인 면과 의지적인 면 모두에 영향을 준다(엡 1:17-18; 고후 4:6; 살전 5:23). 그래서 성화의 표식들은 영적 무지에서 벗어나려는 것과 교만과 정욕을 죽이려고 애쓰는 모습이다. 그리고 거룩한 것을 생각하고 추구하는 모습이다. 기도의 의무를 다하며, 모든 신앙적 의무를 행하는 가운데 즐거워한다. 그리고 대화나 삶 속에서 질서 있는 삶을 추구한다.

성화는 이 땅에서 이루어지는 우리의 삶 속에서 완전한 것에 이르게 하지는 않지만 완전을 추구하게 하는 것이다.

거짓 성화들

때로는 도덕적인 덕을 성화로 생각하는 경우가 있다. 비록 성품이 정직하더라도 성령의 거룩하게 하시는 은혜가 없다면 그것은 성화가 될 수 없다.

거짓 성화로서 위선적인 성화가 있다. 심령은 거룩하지 않지만 거룩한 척하는 경우이다. 경건의 모양은 있지만 경건의 능력을 부정하는 경우이다(딤후 3:5). 때로 성령 충만한 모습을 하고 있지만 실제로 성령의 지배를 받지 않아서 그 속에 거룩함을 추구하는 것이 없다면 그것은 자신을 속이고 있는 것이다.

더욱 분명한 것은 죄에 대해서 죽지 않고 교만하다면 거짓 성화이다. 그 판단에 있어서 하나님의 뜻과 의를 생각하지 않는 것도 마찬가지이다.

성화가 필요한 이유

하나님이 우리를 부르실 때 거룩으로 부르셨기 때문에 성화는 반드시 필요하다(살전 4:7). 칭의가 있다면 삶 속에서 성화로 나타날 수밖에 없다. 따라서 성화가 없다는 것은 칭의가 일어나지 않은 것이다.

거룩함이 없다면 아무도 주를 볼 수 없다(히 12:14). 즉 성화는 구원의 부분으로서 반드시 있어야 하는 것이다.

만약에 어떤 사람이 자신에게 칭의가 있기 때문에 구원받았다고 말한다면 그것은 부족한 말이다. 오히려 삶 속에 성화가 있는지를 점검해야 한다. 더욱이 성화는 하나님이 우리를 선택하신 목적이기 때문에 반드시 있어야 하는 것이다(엡 1:4-5).

23주 칭의, 양자 됨, 성화의 유익들

질문 36. 이 땅의 삶에서 칭의, 양자 됨, 성화의 유익들이 무엇입니까?

답 | 이 땅의 삶에서 칭의, 양자 됨, 성화의 유익들은 하나님의 사랑에 대한 확신, 양심의 평안, 영적인 기쁨, 은혜의 증가, 마지막까지의 견인입니다.

해 설

구원의 확신

진정한 구원의 믿음은 그리스도를 붙잡고 자신에게 적용한다. 이로 인해 그리스도께 연합되며 의롭다 하심을 받는다. 그리고 성령의 거룩하게 하시는 역사로 인해 구원의 확신이라는 열매, 혹은 유익들이 나온다. 구원의 확신은 성령이 우리의 심령에 우리가 하나님의 자녀가 되었음을 증거하시는 데에서 나오는 것이다. 바로 양자의 영에 의해서 구원의 확신이 나오는 것이다(롬 8:15).

그래서 구원의 확신을 가진 자는 겸손한 심령을 가지고 죄에 대해서 자신을 낮추는 자이다. 자신이 구원받았다고 결코 자만하거나 교만하지 않다. 자만하거나 교만한 자들은 자기 스스로의 거짓 확신을 가진 자들이다.

구원의 확신을 가지고 있는 자들은 하나님을 사랑하고 찬양하며, 하나님을 향해 봉사를 열심히 하고, 죄의 유혹에 대해서 승리하게 된다. 구원의 확신은 우리로 이 땅에서 자족하게 만들고, 고난을 잘 감당하게 한다. 또한 죽음의 두려움을 극복하게 한다.

하나님의 사랑에 대한 확신

하나님의 사랑에 대해 확신하는 것은 신자의 삶 가운데 유용한 것이다. 이것은 하나님의 영광을 촉진하고, 자신을 하나님께 부지런히 드리도록 만든다. 성경에서 야곱, 모세, 다윗, 도마, 바울은 하나님의 사랑에 대해 확신했다.

하나님의 사랑에 대해서 확신하는 것은 진정으로 자신을 낮추고, 자기를 부정하게 만든다(갈 2:19). 그리고 하나님의 계명에서 요구하고 있는 의무들을 기꺼이 감당하게 한다(시 119:32). 하나님의 사랑에 대한 확신은 결코 교만하게 만들지 않으며, 자기 스스로의 확신에 빠지지 않게 한다(시 26:1). 하나님의 사랑에 대한 확신은 더러움을 피하게 만들며, 세상으로부터 자신을 구별하게 만든다.

양심의 평안

평안은 삼위 하나님으로부터 온다. 성부를 '평안의 하나님'이라고 부른다. 이것은 제사장이 백성을 축복할 때 "여호와는 그 얼굴을 네게로 향하여 드사 평강 주시기를 원하노라"(민 6:26)라고 했던 것을 말한다. 성자는 평안을 자신의 피로 사서 우리에게 주신다. 이러한 평안은 그리스도와의 연합으로부터 나온다. 따라서 거듭나지 않은 자는 결코 누릴 수 없다. 회심 전에는 죄로 인해 양심이 고통으로 가득 차 있었다. 그러나 성령의 역사로 인해 발생된 믿음으로 그리스도를 붙잡고, 그리스도께 뿌리를 내리고, 그리스도로부터 평안을 받는 것이다. 그래서 그리스도께 굴복되며, 그리스도의 다스리심이 심령에 있음으로 말미암아 양심이 평안을 누리는 것이다(롬 15:13).

물론 이러한 양심의 평안은 마귀에 의해, 세상의 유혹에 의해 공격받고 혼동 상태에 있을 수도 있다. 때로는 그리스도인이 해야 할 의무를 행하지 않음으로 양심이 불편할 때가 있다. 이런 경우에는 회개하고 그리스도를 온전히 의지해야 한다.

영적인 기쁨

영적인 기쁨은 즐거운 열정으로서(빌 3:12), 좋은 것을 느끼고 기뻐하는 것이다. 달콤하고 기분 좋은 감정이다. 이것은 성령의 위로하심과 하나님의 약속으로부터 나오는 것이다.

이것은 세상의 즐거움과 구별된다. 세상의 즐거움은 외적인 것으로 잠시 즐거워하다가 끝나는 것이지만, 영적인 즐거움은 내면 깊이 영향을 주며 지속성을 가진다. 영적인 즐거움은 샘물에서 물이 계속 흘러나오는 것과 같다. 영적인 즐거움은 우리로 의무를 기꺼이 감당하게 한다.

따라서 진정한 신앙을 가진 자들은 우울증으로부터 멀리 떨어져 있다. 그들은 자신들이 이미 천국에 있는 것처럼 즐거워하고 기뻐해야 한다.

은혜의 증가

진정한 은혜는 점진적이어서 증가하게 되어 있다. 진정한 그리스도인은 은혜가 증가하게 되어 있다. 그래서 진정한 신자는 믿음에서 믿음으로 살아간다고 말한다(롬 1:17). 은혜가 증가할수록 자신의 부패성을 더욱 분명히 알게 된다. 그래서 자신에게 속지 않고 지식에 있어서 성장함으로 진리를 더욱 사랑하게 된다. 은혜가 증가함으로 의의 열매를 더욱 맺게 된다. 물론 우리는 은혜를 증가시키기 위해서 경건의 훈련에 더욱 힘써야 하며, 기도해야 하고, 더욱 겸손해야 한다.

성도의 견인

성도의 견인은 칭의, 양자 됨, 성화로부터 얻는 유익이다. 하늘의 유업이 성도들을 위해 보존되는 것이다. 그렇다고 성도가 아무것도 하지 않아도 된다는 것은 아니다. 성도는 은혜 안에서 주신 수단들을 사용해야 한다. 하나님의 말씀과 기도와 성례의 도움을 얻는 것이다. 그리고 성령의 영향력을 계속해서 받아야 한다. 특히 성령은 우리에게 있는 은혜의 불을 더욱 지피시고, 강력하게 하시며, 증가시키신다. 그리스도께서 매일 우리를 위해 간구하시기 때문에 우리는 마지막까지 견인될 수 있다(요 17:11, 20; 히 7:25).

24주 신자의 죽음

질문 37. 신자가 죽을 때 그리스도로부터 받는 유익들이 무엇입니까?

답 | 신자는 죽을 때 그 영혼이 완전히 거룩해져 즉시 영광으로 들어가며, 그의 몸은 여전히 그리스도께 연합되어 부활 때까지 무덤에서 쉽니다.

해 설

신자의 죽음의 일반적 유익들

신자가 죽을 때 영혼과 몸의 분리가 일어난다. 이것은 부활의 때까지 지속된다. 그러나 신자는 유익들을 얻음으로써 행복한 상태에 이르게 된다. 더 이상 죄악된 생각을 갖지 않게 되며, 육신을 가지고 있으면서 받았던 고통들을 받지 않게 된다. 다윗은 시편 31편에서 자신의 인생이 한숨과 후회로 가득 차 있어서 눈물로 시작해서 한숨으로 하루하루를 지났다고 했다(시 31:10). 그러나 이제 더 이상 그러한 고통은 없다. 이제 신자는 죽음으로 하나님의 영광을 볼 수 있다. 신자는 선지자들이 보았던 하나님의 영광을 볼 것이다. 그리고 하나님의 사랑을 노래하고 즐거워할 것이다. 신자는 그리스도께서 예비하신 하늘의 집에서 살며, 먼저 간 신자들 및 천사들과 교제를 나눌 것이다.

영혼이 완전히 거룩해짐

신자가 이 땅에 살 때에는 은혜와 거룩함 안에서 성장하며 죄와 싸워야 했다. 이제 죽음을 맞음으로써 성령의 능력에 의해 그리스도께서 마련해 놓으신 구원이 전 영역에서 적용된다. 몸의 질병은 제거되고, 육신의 정욕이 멈춘다. 죄악된 환경으로부터 완전히 분리되어 죄를 더 이상 짓지 않는다. 악한 자들의 간계와 공격을 더 이상 받지 않는다. 이 세상의 모든 원수로부터 구원받았기 때문이다.

이렇게 완전해지는 것은 더욱 분명한 지식을 갖게 되는 것이다. 사도 바울은 희미하게 안다고 했는데, 이제 완전한 지식을 가지게 된다. 이제 그 영혼은 하나님께 완전히 구별되어 드려진다. 그는 은혜의 증가를 위해 기도할 필요가 없다. 자신이 원하는 대로 하나님을 사랑할 수 있다. 신자의 영혼은 죽음으로 거룩에 있어서 완전해지는 것이다(히 12:23).

영광으로 들어감

신자가 죽을 때 그 영혼은 영광으로 들어간다(눅 23:43). 물론 그리스도의 재림과 그로 인한 우리 몸의 부활로 우리의 구원이 완성되기 때문에 이것이 마지막 상태인 것은 아니다. 그러나 신자의 영혼은 거룩해지며, 그리스도와 교제하고, 그리스도의 임재 가운데 있음으로 완전해진다. 그리스도께서는 이미 잠자는 자의 첫 열매로서 영광 가운데 계시며 하늘 보좌 우편에 앉아 계신다. 그래서 신자는 영광 가운데 있게 된다. 이 상태는 죄와 고통으로부터 완전히 해방된 상태이며, 하나님과 그리스도의 완전한 사랑을 받는 상태이다. 그리스도 안에서 하나님의 영광을 볼 수 있다. 그 영혼의 상태는 지극한 평안한 상태이다. 그래서 하나님을 찬양하고 예배하기를 쉬지 않는다. 이 상태는 이미 구속받은 자들 및 천사들과 교제를 나누는 상태이다.

여전히 그리스도와 연합되어 있다

믿음으로 그리스도와 연합된 것은 몸과 영혼 모두를 포함한다. 비록 죽음이 영혼을 육체로부터 분리시켜 놓았지만 그리스도로부터 분리시킬 수는 없다. 신자가 죽을 때 신비한 그리스도와의 연합은 그대로 있다(살전 4:14). 그리스도께서는 영광 중에 그의 영혼과 연합해 계신다. 비록 몸은 무덤에서 썩고 있지만, 그래도 함께 계신다. 신자의 육체는 부활 때까지 무덤에서 쉬는 것이다(사 47:2, 57:2).

죽음이 모든 것을 잃게 하는 것이 아니다

사람들은 죽음이 모든 것을 잃게 하는 것이라고 생각한다. 이 땅에 더욱 마음을 두고 이 세상의 것을 추구하는 사람들에게는 더욱 그러하다. 그러나 신자의 죽음은 잃는 것이 아니라 얻는 것이다. 죄로부터 완전히 자유로울 수 있으며, 이미 영광의 상태에 들어간 경건한 영혼들과 교제할 수 있고, 마음껏 하나님을 찬양하고 경배할 수 있다. 따라서 그리스도 안에서 죽는 것이 얼마나 행복한지를 생각해야 하며, 죽음을 두려워해서는 안 된다.

불신자의 죽음의 상태

불신자에게는 무덤이 그들의 감옥이 될 것이다. 그들의 영혼은 죽은 후 즉각적으로 지옥에 떨어질 것이며, 그곳에서 마지막 심판의 날까지 두려움과 고통 가운데 있을 것이다. 그들은 타락한 천사들과 어둠에 매여 있을 것이다. 그들은 마지막 심판 날을 기다리면서 극한 고통과 두려움 속에서 울부짖을 것이다(벧후 2:4).

25주 몸의 부활

질문 38. 신자가 부활할 때 그리스도로부터 받는 유익들이 무엇입니까?

답 | 신자는 부활할 때 영광 중에 다시 살아나서 심판 날에 공개적으로 인정되며 무죄 선고를 받고 영원토록 하나님을 즐거워하는 완전히 행복한 상태가 됩니다.

해 설

몸의 부활

신자가 부활할 때에는 모든 사람이 부활한다. 신자에게는 생명의 부활이 되며, 악인에게는 심판의 부활이 된다(요 5:29). 몸이 부활함으로 몸과 영혼이 다시 연합된다(살전 4:14). 신자의 몸은 영광스러운 상태로 부활한다.

부활에 관한 교리는 우리의 믿음에 있어서 중요하다. 사도들은 이것을 그리스도의 주요한 가르침 가운데 하나로 보았다. 부활 때에 신자의 몸은 그리스도의 부활의 몸과 같이 강건하며, 신령하고, 썩지 않고, 없어지지 않는 가장 아름답고 영광스러운 몸이 될 것이다(빌 3:21; 고전 15:42-44). 그 몸은 살아 있을 때의 몸이 다시 사는 것이고, 영혼은 영광스러운 것이다.

부활한 몸은 그 정체성을 알아볼 수 있다. 어려서부터 자라서 나이가 든 상태로 변화하지만 그 정체성을 알아볼 수 있는 것과 같다. 부활한 몸은 새 하늘과 새 땅에 거주하기 합당한 몸이다. 이 몸은 성령의 완전한 지배 아래 있기 때문에 신령한 몸이다(고전 15:44). 이러한 몸의 부활은 욥에게 위로가 되었다(욥 19:26). 그리고 우리 몸의 부활이 확실한 것은 그리스도께서 부활의 첫 열매이셨기 때문이다.

심판 날

심판 날에 그리스도께서 심판하실 것이다(마 25:31; 행 3:21; 살후 1:7-10; 계 1:7). 아버지께서 그리스도께 모든 심판을 위임하셨기 때문이다(요 5:22). 모든 사람이 부활해서 그리스도의 심판대 앞으로 나아오게 될 것이다(마 13:41). 불신자들도 부활해 심판대 앞에 서게 될 것이다.

이때 그리스도를 멸시하고 핍박했던 자들은 모두 두려워 떨게 될 것이다. 그들에게 그리스도께서는 사자와 같아서 그들은 공포에 질릴 것이다. 물론 악인들은 자신들을 변호하기에 급급하지만, 그들의 변명은 소용이 없을 것이다. 주께서 "저주를 받은 자들아 나를 떠나 마귀와 그 사자들을 위하여 예비된 영원한 불에 들어가라"(마 25:41)라고 말씀하실 것이다.

그리스도께서 내리신 영원한 심판의 형벌은 영원까지 계속되는 것이다. 불신자의 몸과 영혼은 영원한 고통 속에 있게 될 것이다(마 25:46; 롬 2:8-9; 계 14:11).

그러나 그리스도를 신실하게 믿었던 자는 영광 가운데 계신 그리스도를 보고 기뻐할 것이다. 그리스도께서 마치 친구처럼 신자에게 오셔서 그를 위로해 주실 것이다. 그리스도께서는 공개적으로 신자가 자신의 백성인 것과 그들에게 죄가 없음을 선언하실 것이다.

물론 그리스도의 심판 앞에 섰을 때 신실한 신자도 그 마음에 자신이 죄 없다고 할 수 없는 상태이다. 그래서 신자는 그리스도께서 베푸신 유익을 의지할 것이며, 그리스도께서는 신자를 향해 죄가 없다고 선언하실 것이다. 이는 우리를 위한 그리스도의 사역과 우리 안에서 행하신 그리스도의 사역에 의한 것이다(빌 4:3; 계 3:5; 마 13:43). 따라서 신자는 기뻐하면서 그리스도의 이름을 찬송하고 즐거워할 것이다.

부활 후 신자가 누리는 유익

부활과 심판으로 신자의 구원은 완성된다. 신자는 그리스도와 같이 될 것이며 그리스도와 영원토록 함께 있을 것이다.

신자는 매 순간 완전하고 복된 상태이다. 지식에 있어서도 완전하다. 그리스도와 친밀한 교제가 계속된다(계 21:3). 하나님의 영광스런 존전에 서게 될 것이며(계 21:3), 하나님의 완전한 사랑을 온전히 인지할 수 있다(요일 3:2). 그래서 하나님을 완전히 즐거워하는 상태이다. 이 상태는 최고로 행복한 단계이다(시 73:25). 신자의 즐거움은 완전한 것이다(시 16:11; 유 1:24). 이처럼 최고로 즐겁고 행복한 상태가 영원토록 지속되는 것이다(살전 4:17).

2부

하나님이 인간에게 요구하시는 의무

질문 39-85 도덕법
질문 86 믿음
질문 87 회개
질문 88 은혜의 수단의 사용
질문 89-90 말씀
질문 91-97 성례
질문 98-107 기도

26주 우리의 의무가 계시됨

질문 39. 하나님이 사람에게 요구하시는 의무가 무엇입니까?

답 | 하나님이 사람에게 요구하시는 의무는 그분의 계시된 뜻에 순종하는 것입니다.

질문 40. 하나님이 순종을 위해 사람에게 처음 계시하신 것이 무엇입니까?

답 | 하나님이 순종을 위해 사람에게 처음 계시하신 것은 도덕법입니다.

해 설

하나님이 요구하시는 의무

하나님은 창조주이시며 주권자로서 모든 사람에게 의무를 요구하신다. 그것은 하나님이 창조주이시며 인생들에게 유익들을 제공하시는 주인이시기 때문이다(말 1:6). 사람이 하나님께 순종해야 하는 이유는 하나님이 절대 주권자이시며 법의 제정자이시기 때문이다. 또 하나의 이유는 그분의 영광스러운 탁월성 때문이다. 하나님은 자신의 거룩하심과 자비하심을 자신의 백성을 통해서 드러내려는 목적이 있으시기 때문에 그들에게 반드시 요구하시는 의무가 있다(시 100:3; 벧전 1:15-16). 따라서 하나님의 백성은 주님이 요구하시는 의무를 행하기 위해 그 의무들을 알아야 한다(시 119:33).

우리의 의무에 대해서 계시하셨다

하나님은 창조에서 자신의 영원한 능력과 신성을 드러내시고(롬 1:20) 섭리하시는 가운데 자신의 뜻을 계시하시는데, 때때로 우리는 그 뜻을 다 알지 못한다(시 73편). 따라서 하나님은 자신의 뜻을 인간의 언어로 계시하셨는데, 이것이 바로 성경이다.

성경은 하나님에 대해 사람이 행해야 할 의무를 말하고 있다(미 6:8). 성경은 우리를 지도하는 유일하며 완전한 규칙이다. 이는 충분하고 분명한 계시이다. 성경의 명령과 금지 사항들은 최종적이다. 하나님의 말씀은 우리가 순종해야 할 의무들을 포함한다. 하나님은 이스라엘에게 말씀하셨다(시 147:19). 이스라엘은 하나님의 음성을 듣고 그분의 계명에 순종해야 했다(신 27:10).

순종해야 한다

우리는 하나님의 뜻에 반드시 순종해야 한다. 하나님을 두려워하는 가운데 진리 안에서 하나님을 섬겨야 한다(수 24:14). 그래서 하나님의 모든 계명을 존경하고 그것에 순종해야 한다(시 119:6). 더욱이 하나님의 계명들을 즐거워하고 지켜야 하는데(롬 7:22), 지속성을 가지고 순종해야 한다(잠 23:17). 하나님의 계명은 사람의 말보다 중요한 것으로, 항상 먼저 지켜야 한다(행 5:29). 따라서 하나님의 뜻을 알기 위해 수고해야 한다(엡 5:17). 하나님의 뜻에 순종하는 것이 모든 사람의 의무이기 때문에 하나님의 말씀을 이해할 수 있도록 성령의 역사를 구해야 한다(전 12:3).

도덕법

사람이 순종하도록 계시된 법을 '도덕법'이라고 부르는데, 이것은 옳고 그른 것과 거룩의 성격에 대한 것으로서 자연법과 구분된다(시 73:13-17). 그리고 이스라엘 국가의 코드로서 주신 법과도 구별된다(출 22:1-29). 물론 도덕법은 의식법과도 구별된다. 왜냐하면 자연법은 자연의 질서에 의한 것이며, 국가법은 유대인들에게 일시적 조건 가운데 주어졌으며, 의식법은 구원을 준비하는 것으로 주어졌기 때문이다. 그러나 도덕법은 하나님의 성품과 관련된 것으로서 불변하는 것이다(마 5:18). 그리고 도덕법은 영적이고, 거룩하고, 의로우며, 선한 것이다. 도덕법은 가장 먼저 아담에게 주어졌는데, 하나님과의 지속적인 교제를 위해 주어졌다(창 1:26, 2:7, 3:8).

도덕법으로 의와 생명을 얻을 수 없다

도덕법은 모든 사람에게 유효하다. 물론 이방인에게도 자연의 빛으로 알려져 있기 때문에 율법이 없다 하더라도 그것을 어기면 죄를 지은 것이다(롬 2:14-15). 물론 도덕법을 완전하게 순종해서 생명을 얻을 수 있는 사람은 없다. 아담이 범죄한 이후 어떤 인생도 율법을 완전하게 지킬 수 없기 때문이다. 그래서 율법은 사람이 죄인이라는 것을 알려 주고, 그리스도께로 나아가게 하는 기능을 한다(롬 3:20).

신자에게 있어서의 도덕법

거듭난 신자에게는 도덕법이 그리스도의 법이 된다(벧전 1:18). 신자에게 율법은 생명의 규칙으로 유효하고, 도덕법은 하나님의 거룩함을 닮아 가게 하는 도구가 된다. 도덕법에 하나님의 의로우심과 선하심과 거룩하심이 반영되어 있기 때문에(롬 7:12) 그것을 지키면서 거룩해지는 것이다(롬 8:4).

때로 도덕률 폐기론자들이 로마서 6장 14절을 오용해서 신자는 더 이상 율법을 지키지 않고 은혜로 살아가면 된다고 주장하는데, 이 가르침은 오류이다. 그들은 성화가 구원에 포함되어 있다는 성경적 가르침을 믿지 않는다(히 12:14). 신자는 반드시 행위의 원리로 도덕법을 지켜야 하며, 성령을 따라 행하게 되면 반드시 도덕법을 지키게 되어 있다(롬 8:4).

27주 우리의 의무의 요약

질문 41. 도덕법이 어디에 함축적으로 요약되어 있습니까?

답 | 도덕법은 십계명에 함축적으로 요약되어 있습니다.

질문 42. 십계명의 요지가 무엇입니까?

답 | 십계명의 요지는 우리의 마음을 다하고 목숨을 다하고 힘을 다하고 뜻을 다하여 주 우리 하나님을 사랑하고, 또 이웃을 자기 자신같이 사랑하는 것입니다.

해 설

십계명

하나님은 시내 산에서 언약을 갱신하셔서 이스라엘 백성의 하나님이 되시고, 이스라엘을 하나님의 백성이 되게 하셨다. 하나님은 자기의 백성이 반드시 지켜야 할 의무를 직접 손으로 돌판에 써서 십계명으로 주셨다. 그것도 두 번이나 써서 주셨다(출 32:16, 34:1). 이는 영속적인 성격을 가지고 있다는 것을 보여 준다(시 3:8).

그리스도와 사도들은 십계명에 대해서 사람들이 지켜야 할 의무를 담고 있는 것으로 말했다(막 10:19; 롬 13:9). 십계명은 믿음과 실천의 측면에서 하나님의 말씀 전체를 요약한 것이라고 할 수 있다. 십계명은 우리가 지켜야 할 하나님과 사람들에 대한 의무이며, 우리의 모든 행위에 대한 지침이 된다. 그리고 우리의 모든 영역에서, 즉 말과 행동에서 완전한 순종을 요구한다.

하나님 사랑

십계명의 첫 번째 원리는 하나님을 사랑하는 것이다. 사랑은 우리의 감정 속에서 거룩한 열정이 일어나는 것이다. 그래서 하나님을 사랑한다는 것은 우리의 뜻과 마음을 다해 사랑하는 것이다(시 119:10; 딤전 1:5). 또한 하나님에 대해서 최고의 존경과 갈망을 나타내는 것이다(마 10:37; 눅 14:26; 시 73:25; 사 26:8-9).

하나님을 사랑하기 위해서는 먼저 하나님에 대한 지식이 있어야 한다. 성령이 우리 마음에 하나님을 아는 지식을 비추시고, 하나님의 아름다움과 지혜와 거룩함과 자비를 알게 해 우리의 마음이 하나님을 사랑하는 것으로 가득 차게 하신다. 이와 같은 하나님에 대한 지식이 없으면 하나님을 사랑할 수 없다. 지식이 없는 사랑은 우상과 같은 것이다. 따라서 반드시 하나님에 대한 지식이 충만해야 한다.

하나님을 사랑하는 것은 하나님을 즐거워하는 것이다. 즉 우리의 목적과 추구하는 바가 세상과 육신을 사랑하는 것에서 은혜로 바뀌어야 하나님을 사랑할 수 있다. 하나님을 사랑하는 것에 있어서 마음이 나뉘어서는 안 된다. 하나님과 죄 사이로 나누어질 수 없다. 어머니가 자식을 나눌 수 없듯이 우리가 하나님을 사랑하는 것에 있어서 마음을 나눌 수 없다. 자신의 목적을 이루기 위해서 하나님을 사랑해서는 안 된다. 위선자들은 하나님이 포도주와 곡식을 주시기 때문에 그분을 사랑한다. 우리는 하나님을 우리의 모든 힘으로 사랑해야 한다. 우리가 할 수 있는 모든 것을 다해야 한다는 것이다.

여기서 사랑은 수고스러운 열정이다. 우리는 하나님을 사랑하는 것에 있어서 그 무엇보다 먼저 사랑해야 하고, 지속적으로 사랑해야 한다. 따라서 우리가 이렇게 하나님을 사랑하게 되면 눈에 보이는 표시들이 나타나게 되어 있다. 하나님을 닮고자 갈망하며, 하나님과 교제하는 것을 즐거워하고, 하나님이 정하신 은혜의 수단들을 사랑하고, 하나님의 영광을 위해 모든 일을 하게 된다. 그리고 고난이 와도 하나님으로 만족하게 된다. 또한 하나님이 미워하시는 것을 미워해 행하지 않으며, 하나님을 위해 기꺼이 희생하며 봉사하게 된다.

이웃 사랑

십계명의 두 번째 원리는 이웃을 내 몸과 같이 사랑하는 것이다. 이것은 사람의 지위가 높든 낮든, 혹은 가난하든 부자든 관계없이 모든 사람이 우리의 이웃이 되는 것을 말한다. 즉 모든 사람에게 보편적인 사랑을 나타내게 된다는 것이다.

우리는 본질상 자기 자신을 사랑하게 되어 있다. 따라서 이웃을 내 몸과 같이 사랑하라는 것은 우리가 우리 자신에게 행하는 것과 같이 진실함과 확고한 사랑으로 이웃을 사랑하라는 것이다(마 7:12). 우리는 이웃을 사랑할 때 하나님을 두려워하는 가운데 행해야 한다(시 15:4). 이웃을 사랑하는 것은 이웃에게 유익이 되도록 바라고, 그들의 몸과 영혼에게 선을 행하는 것이다(갈 6:10; 요일 3:18). 또한 자신을 낮추고 상대방을 높이는 것이다(빌 2:3). 우리는 말과 행동으로 이웃을 해하면 안 되고, 특별히 성도에게 선을 행해야 한다(시 16:3). 이웃을 사랑하는 것은 우리에게 평안을 가져다준다(고후 13:11).

28주 십계명 서문

질문 43. 십계명의 서문이 무엇입니까?

답 | 십계명의 서문은 "나는 너를 애굽 땅, 종 되었던 집에서 인도하여 낸 네 하나님 여호와니라"입니다.

질문 44. 십계명의 서문이 우리에게 가르치는 것이 무엇입니까?

답 | 십계명의 서문이 우리에게 가르치는 것은 하나님이 주이시고 구속자이시므로 우리가 마땅히 그분의 모든 계명을 지켜야 한다는 것입니다.

해 설

율법을 주시는 분

십계명의 서문은 하나님이 이 모든 계명을 말씀하신 것을 분명히 드러낸다. 하나님은 율법을 주시고, 자신의 지혜와 권위 속에서 자신의 백성에게 계명을 베푸시는 분이시다.

십계명은 도덕법으로서, 하나님의 백성의 삶의 규칙이 된다. 따라서 하나님이 말씀하신 것에 귀를 막아서는 안 되며 이 모든 것을 들어야 한다(사 1:2). 그리고 십계명을 존경하고 기억해야 한다. 십계명을 결코 가볍게 여겨서는 안 된다. 이것은 하나님의 뜻을 복사한 것과 같다. 하나님이 우리의 선을 위해서 주셨기 때문에 계명을 사랑하고 순종해야 한다. 따라서 사도 요한은 계명을 사랑하고 지키는 것이 그 사람이 거듭난 증거라고 했다(요일 5:1–3). 이와 반대로 계명을 어기는 것은 죄이며, 계명을 베푸신 하나님을 대적하는 것이다.

도덕법

도덕법은 완전하신 주께서 베푸신 것이기 때문에 완전한 것이다. 이것은 결코 변경될 수 없는 것으로, 의식법, 시민법과 다르게 하나님의 입술에서 직접 나온 것이다. 하나님이 십계명을 돌판에 새기신 것은 그것이 영속성을 가지고 있음을 보여 주는 것이다.

도덕법은 하나님의 영광을 나타낸다. 십계명을 받기 전에 이스라엘 백성은 자기 옷을 빨았는데, 이는 하나님이 거룩한 심령을 요구하시는 것을 의미한다. 그리고 하나님이 계명을 주실 때 이스라엘 백성은 산 가까이에 접근할 수 없었다. 이는 하나님의 계명을 가볍게 여기거나 소홀히 할 수 없음을 의미한다. 우리는 하나님의 계명을 소중히 여겨야 한다. 하나님은 자신의 손으로 율법을 새기신 다음 언약궤 안에 보관하도록 하셨다. 이것은 계명을 존경하도록 만드신 것이다.

주가 되심

십계명의 서문은 하나님이 주가 되신다는 내용이다. 이것은 히브리말로 '여호와'이다. 여호와의 이름은 하나님의 영광을 나타내며, 영원하시고, 불변하시며, 스스로 존재하시며, 스스로 충분하시다는 의미를 내포하고 있다(말 3:6). 따라서 우리는 하나님을 예배해야 하며, 하나님을 신뢰하고 순종해야 한다. 하나님이 우리의 하나님이시라면 우리는 가장 먼저 하나님을 최고로 존경해야 하며, 그분의 계명에 순종해야 한다(겔 36:25-27; 렘 32:40). 우리는 하나님으로 만족해야 하고, 어떠한 상황에서라도 하나님만을 의지하고 신뢰해야 한다. 하나님을 끊임없이 찬양하며, 날마다 하나님과 동행하는 삶을 살아야 한다.

애굽에서 건지심

하나님은 이스라엘을 애굽 땅 종 되었던 집에서 건지신 것을 언급하셨다. 하나님은 표적과 기사를 통해 이스라엘을 애굽에서 건져 내셨다. 이스라엘은 홍해를 마른 땅과 같이 걸어서 통과할 수 있었다.

하나님이 이스라엘 백성을 애굽에서 건져 내신 것은 모세가 바로 왕에게 말한 것처럼 하나님을 마음껏 예배할 수 있도록 하시기 위해서였다. 우리의 구원도 하나님을 온전히 섬기기 위한 것이다. 또한 애굽의 오염에서 건지신 것은 곧 우상 숭배에서 건지신 것이다. 애굽은 우상 숭배가 가득한 곳이었다. 이스라엘 백성은 혹독하고 비참한 노예 생활을

했다. 그런 그들을 마귀와 정욕적인 삶에서 건지신 것이다. 이처럼 하나님은 우리를 죄와 마귀의 종노릇하는 데에서 건지시고, 하나님을 섬길 수 있도록 구속하셨다. 그래서 우리는 하나님께 영광을 돌려야 하며(고전 6:19-20), 구속하신 하나님의 말씀에 순종해야 한다(호 4:2).

하나님은 이스라엘 백성을 애굽에서 건지셔서 이방 민족이 있는 가나안 땅으로 인도하셨다. 하나님을 모르는 이방 민족에게 살아 계시며 이스라엘의 주이신 하나님을 알리는 방편이 되기 때문에 가나안 땅에서 하나님의 계명을 지키는 것은 더욱 중요했다(신 4:6). 하나님이 이스라엘 백성과 같이 경건하지 않은 것과 세상 정욕의 삶 가운데 있는 우리를 그리스도를 통해 건지신 이유는 하나님의 계명을 열심히 지키는 하나님의 백성이 되게 하시기 위해서이다(딛 2:11-14). 하나님의 계명은 우리를 거룩하게 하는 것이다. 그분의 계명을 지킴으로써 하나님을 닮게 된다(벧전 1:15-16).

율법주의

구원받은 백성이 하나님의 계명을 지키는 것은 지극히 당연한 일임에도 이것을 율법주의라고 말하는 자들이 있는데, 이것은 잘못된 주장이다. 율법주의는 율법을 지켜서 구원을 얻으려는 것이다.

반면에 구원받은 백성이 율법을 지키려고 애쓰는 것은 구원을 얻으려는 것이 아니라 하나님이 구원하신 목적이 거룩한 삶이라는 것을 깨달았기 때문이다. 율법의 행위로 자신을 도무지 구원할 수 없다는 것을 알기 때문에 구원하신 은혜에 감사하는 방편으로 계명을 지키려고 애쓰는 것이다.

29주 제1계명

질문 45. 제1계명이 무엇입니까?

답 | 제1계명은 "너는 나 외에는 다른 신들을 네게 두지 말라"입니다.

질문 46. 제1계명이 요구하는 것이 무엇입니까?

답 | 제1계명이 요구하는 것은 하나님을 유일한 참 하나님으로 알고 인정해 그분을 경배하고 영화롭게 하라는 것입니다.

질문 47. 제1계명이 금하는 것이 무엇입니까?

답 | 제1계명이 금하는 것은 참 하나님이 우리 하나님이심을 부인하거나 그분을 경배하지 않고 영화롭게 하지도 않는 것입니다. 또한 하나님께만 드

려야 할 경배와 영광을 다른 사람이나 다른 것(우상)에게 돌리는 것입니다.

질문 48. 제1계명 중에 "나 외에는"이라는 말씀이 우리에게 특별히 가르치는 것이 무엇입니까?

답 | 제1계명 중에 "나 외에는"이라는 말씀이 우리에게 특별히 가르치는 것은 모든 것을 보고 계시는 하나님이 우리가 다른 신을 섬기는 죄를 주목하시며 매우 불쾌해하신다는 것입니다.

해 설

신앙에 있어 가장 중요한 의무

신앙에 있어서 가장 중요한 의무는 하나님을 경배하는 것이다. 이 세상에서 하나님이 없는 자는 소망이 없는 자이다(엡 2:12).

하나님을 아는 지식이 있으면 그는 반드시 하나님을 찾게 되어 있으며, 하나님을 경배하고자 하고, 하나님을 우선순위에 두게 되어 있다(요 4:22). 그리고 하나님이 아닌 우상을 섬기는 것이 얼마나 끔찍한 죄인지를 깨닫게 된다. 그래서 자신이 섬기던 우상을 버리고 하나님께로 돌아가게 된다(살전 1:9).

제1계명이 요구하는 것

제1계명이 요구하는 것은 우선 하나님을 아는 것과 하나님을 인정하는 것, 그리고 하나님을 경배하고 영화롭게 하는 것이다. 하나님을 아는 지식이 있게 되면 하나님이 주(Lord)시라는 것을 깨닫게 된다(왕상 18:39; 호 13:4). 그 지식은 하나님이 살아 계시며, 이 세상의 모든 만물을 주관하시는 분이라는 것을 깨닫게 한다. 그래서 하나님을 우리의 유일한 하나님으로 인정하게 되는 것이다(왕하 19:15). 물론 이렇게 하나님을 아는 지식은 반드시 증가되어야 한다. 그래서 더욱 주님을 깊이 사랑하고 섬기게 되는 것이다(골 1:10).

하나님을 주로 인정하게 되면 반드시 주님을 경배하고 영화롭게 해드리려는 영적 열망이 크게 일어난다(고전 10:31). 자신의 삶 가운데 하나님을 최고의 위치에 둠으로 하나님을 영화롭게 하며, 하나님을 묵상하고 즐거워함으로 하나님을 기쁘시게 해드리게 된다(말 3:16; 시 63:6).

하나님을 무엇보다도 진정으로 사랑하고, 신뢰하며, 주의 이름을 찬양하고(시 39:2), 주의 말씀에 항상 주의를 기울이며, 항상 삶 속에서 주님을 기억하게 된다(전 12:1). 그리고 하나님과 교통하는 삶을 가지게 된다. 눈은 주를 바라보고(시 25:15), 항상 주 안에서 기뻐하며(빌 4:4), 주께서 거룩하시기 때문에 거룩한 삶을 살려고 애쓰게 된다.

하나님을 주로 인정한 사람은 대화와 행동에 있어서 주님과 동행하는 삶을 살려고 한다(창 5:24). 그는 주의 이름을 부르면서 하나님께 감사하며(빌 4:4), 하나님을 섬기는 것에 열심을 품고(롬 12:11), 철저히 복종하게 된다(렘 7:23; 약 4:7). 하나님께 대적하는 삶을 살지 않기 위해서 영적으로 주의를 기울이게 되며(요일 3:22; 렘 31:18), 무엇보다 겸손히 하나님과 동행하는 삶을 살게 된다(미 6:8).

제1계명이 금하는 것

제1계명은 하나님을 경배하지도 않고, 마땅히 돌려야 할 영광을 하나님께 돌리지 않는 것을 금하고 있다. 하나님이 계시지 않다고 하는 것은 큰 죄이며, 그렇게 이야기하는 사람은 어리석은 자이다(시 14:1). 또한 하나님의 공의를 부정하며, 하나님이 안 보시는 것으로 생각해 자기 마음대로 살거나 악행을 저지르는 것도 하나님을 무시하는 죄이다. 이러한 자들에게 하나님은 보복하겠다고 말씀하셨다(살후 1:8).

하나님을 모독하는 것과 우상 숭배를 하는 것도 죄이다. 우상을 숭배하는 것은 마귀를 섬기는 것이다(고전 10:20). 그리고 하나님을 신뢰하지 않고 그 마음에 악한 마음과 불신앙을 갖는 것도 죄이다(히 3:12). 입술로는 하나님을 찬양하지만 그 마음에 하나님이 없는 자는 하나님을 경배하지 않는 자이다(마 15:8; 사 29:13).

더욱이 하나님에 대한 지식이 없어서 자신의 상상력이나 욕심을 이루기 위해 내면에 스스로가 만든 하나님을 섬기는 것 역시 제1계명을 어긴 것이다(요일 2:15).

"나 외에는"이라고 말씀하신 이유

"나 외에는"이라는 말씀은 하나님은 모든 것을 보고 계시며, 그것에 대해서 주목하고 계신다는 것을 의미한다(히 4:13). 그리고 하나님을 경배하지 않고 섬기지 않는 것에 대해서 하나님이 매우 불쾌해하신다는 뜻이다.

하나님은 우리가 앉고 서는 모든 것을 보고 계신다(시 139:2). 물론 하나님은 우리가 진정으로 하나님을 경배하는지도 보고 계신다. 우상을 섬기거나 다른 신을 섬기는 것은 하나님의 영광을 빼앗아 가는 것이기 때문에 하나님은 매우 불쾌해하신다(사 42:8). 이러한 죄들은 하나님의 권위에 즉각적으로 도전하는 것이다. 하나님은 이 죄들을 이 땅에서와 오는 세상에서 심판한다고 말씀하셨다(신 29:24-29; 계 21:8).

30주 제2계명

질문 49. 제2계명이 무엇입니까?

답 | 제2계명은 "너를 위하여 새긴 우상을 만들지 말고 또 위로 하늘에 있는 것이나 아래로 땅에 있는 것이나 땅 아래 물속에 있는 것의 어떤 형상도 만들지 말며 그것들에게 절하지 말며 그것들을 섬기지 말라 나 네 하나님 여호와는 질투하는 하나님인즉 나를 미워하는 자의 죄를 갚되 아버지로부터 아들에게로 삼사 대까지 이르게 하거니와 나를 사랑하고 내 계명을 지키는 자에게는 천 대까지 은혜를 베푸느니라"입니다.

질문 50. 제2계명이 요구하는 것이 무엇입니까?

답 | 제2계명이 요구하는 것은 하나님이 말씀 가운데 정하신 방법대로 모든 종교적 예배와 규례를 받아 순종하며 깨끗하고 완전하게 지키라는 것입니다.

질문 51. 제2계명이 금하는 것이 무엇입니까?

답 | 제2계명이 금하는 것은 형상을 사용해 하나님을 예배하거나 하나님의 말씀에 정하지 않은 어떤 다른 방법으로 예배하는 것입니다.

질문 52. 제2계명에 덧붙여진 논리가 무엇입니까?

답 | 제2계명에서 덧붙여진 논리는 하나님이 우리의 주권자가 되시고 소유주가 되시며 오직 자신에게만 경배하기를 바라신다는 것입니다.

해 설

제2계명의 목적

제2계명은 외적인 예배의 방식에 대한 규정이다. 특별히 규정이 금하는 것이 강조되어 있는데, 예배 가운데 형상을 사용하지 말라는 것이다. 이는 하나님이 자신의 말씀 속에서 지정하신 방법으로 예배하라는 것이다.

예배는 하나님을 경외하고 하나님께 굴복되었음을 고백해 하나님께 마땅히 돌려야 할 감사를 드리는 것이다(시 95:6-7). 더욱이 하나님은 영이시기 때문에 하나님께 드리는 예배는 반드시 영과 진리 가운데 드려져야 한다(요 4:24; 신 4:15-18).

예배의 방법

하나님이 예배를 정하신 방법을 받아들여야 한다. 하나님이 우리의 조건에 맞게 정하신 것이기 때문이다. 순종하라는 것은 하나님께 진정으로 공경하는 마음을 가지고 정하신 대로 지키라는 말씀이다. 깨끗하고 완전하게 지키라는 것은 하나님이 정하신 것 외에 어떤 것도 추가하거나 삭제하지 말라는 말씀이다(신 12:32; 마 28:20).

하나님이 정하신 예배에는 가르침과 기도와 찬양이 항상 포함되어 있다. 구약시대의 예배에는 예수 그리스도에 대한 믿음을 나타내는 그리스도의 모형으로서의 희생 제사의 예배가 있었다. 그리고 신약시대에는 성령의 지도 아래에서 앞서 언급한 요소들을 자유롭게 지키고 있다.

우상 숭배

제2계명이 금하는 것은 우상 숭배이다. 제1계명에서 언급하고 있는 우상 숭배의 죄는 하나님께 돌려야 할 영광을 다른 대상에게 돌리는 경우인 반면, 제2계명이 말하는 우상 숭배는 형상을 사용해 하나님을 예배하는 것이다. 즉 예배의 수단과 관련된 것이다.

타락한 이후 인간은 보이지 않으시는 하나님을 믿지 않고, 자신들의 상상력을 동원해 형상으로 고안하기 시작했다(롬 1:21). 이러한 형상들은 우리의 마음속에 참되신 하나님을 제한하고 약화시킬 뿐만 아니라 인간의 이기적 목적을 성취해 주시는 하나님을 만들게 한다.

하나님은 무한하신 분으로서 이 땅에 있는 그 어떤 것으로도 표현되실 수 있는 분이 아니시다. 따라서 형상을 사용하는 것은 하나님을 욕되게 하는 것이다.

정하지 않은 방법으로 예배하는 것

제2계명은 하나님의 말씀에서 정하지 않은 방법으로 예배를 드리는 것을 금한다. 하나님께 드리는 예배는 진리 가운데 영적으로 드려져야 한다. 그렇기 때문에 인간의 육적인 감각에 맞추어 장식을 꾸민다거나 환상적인 방식의 도구들을 사용하는 것은 말씀에서 정하신 방법에서 벗어나는 것이다. 이렇게 제2계명은 인간이 고안해 만드는 예배를 금하고 있다(골 2:20-23). 더욱이 제2계명이 금하는 것에는 우상 숭배와 미신적 행위뿐만 아니라 우리가 열심히 예배하지 않고, 예배를 경시하는 것도 포함된다(히 10:25).

덧붙여진 논리

제2계명에는 하나님만이 주권자가 되시며 하나님만이 예배를 받으시기 위해서 자신의 말씀에 구체적으로 정하셨다는 논리가 덧붙여져 있다. 따라서 우리는 하나님의 백성으로서 그분이 정하신 방법대로 예배드려야 하는 것이다.

또한 덧붙여진 논리에서 말하는 우상 숭배는 하나님으로부터 우리의 마음을 멀어지게 만들며, 우리의 생각을 헛된 것으로 가득 차게 해서 하나님을 잊어버리게 하는 것이다(시 106:19-21). 더욱이 하나님이 우리의 예배에 관심을 가지고 계시며, 우상 숭배에 대해서 분노하심을 말하고 있다. 이것에 대해 성경은 '질투하시는 하나님'이라고 말한다(출 34:14).

31주 제3계명

질문 53. 제3계명이 무엇입니까?

답 | 제3계명은 "너는 네 하나님 여호와의 이름을 망령되게 부르지 말라 여호와는 그의 이름을 망령되게 부르는 자를 죄 없다 하지 아니하리라"입니다.

질문 54. 제3계명이 요구하는 것이 무엇입니까?

답 | 제3계명이 요구하는 것은 하나님의 이름과 칭호와 속성과 규례와 말씀과 사역들을 거룩하고 경외하는 마음으로 사용하라는 것입니다.

질문 55. 제3계명이 금하는 것이 무엇입니까?

답 | 제3계명이 금하는 것은 하나님이 자신을 알려 주신 것이 무엇이든지 모독하거나 남용하는 것입니다.

질문 56. 제3계명에 덧붙여진 논리가 무엇입니까?

답 | 제3계명에 덧붙여진 논리는 이 계명을 어기는 자가 비록 사람들의 심판은 피할 수 있을지라도 주 우리 하나님은 그분의 의로운 심판을 피하지 못하게 하신다는 것입니다.

해 설

바른 예배

제3계명이 요구하는 것은 하나님께 바른 예배를 드려야 한다는 것이다. 특히 예배의 태도에 대해서 설명한다. 우리는 하나님을 겸손하고 경외하는 마음으로 예배해야 한다(시 2:11). 단지 하나님의 예배에 참석하는 것으로는 충분하지 않다. 하나님이 정하신 질서에 따라서 하나님을 반드시 찾고 구해야 한다(대상 15:13). 하나님을 예배하는 것에 있어서 하나님의 이름만 사용해야 한다(사 26:13). 특별히 경건하지 않은 방식으로 하나님의 이름을 사용해서는 안 되며, 함부로 불러서도 안 된다(레 18:21).

하나님의 이름

하나님은 자신의 이름을 알려 주심으로 자신을 드러내셨다. 하나님은 모세에게 자신의 이름을 알려 주심으로써 신실하시며 언약을 끝까지 지키시는 분으로 자신을 드러내셨다(출 6:3). 그리고 하나님은 자신에 대해서 칭호를 알려 주셨는데, '만군의 주', '이스라엘의 거룩하신 자', '아브라함과 이삭과 야곱의 하나님', '만왕의 왕', '성도들의 왕', '우리 주 예수 그리스도의 하나님 아버지', '구원의 하나님', '우리의 기도를 들으시는 주님' 등이다. 하나님은 말씀을 통해서 자신의 속성도 알려 주셨다. 전능하심, 영원하심, 보이지 아니하심, 무한한 지혜, 편재하심, 거룩하심, 불변하심, 자비하심, 사랑 등이다. 또한 하나님은 율법과 복음을 통해서 자신을 알려 주셨으며, 창조와 섭리를 통해서 자신을 드러내셨다.

우리는 경건하고 경외하는 마음으로 하나님의 이름을 불러야 한다. 그분의 이름을 영화롭게 해야 하며(시 86:9), 그분의 이름을 부르는 데 있어서 거룩한 두려움이 있어야 한다(창 18:27). 그래서 때로는 하나님께 기도할 때 손을 드는 것이다(딤전 2:8). 하나님께 예배하러 나아갈 때는 겸손해야 하며, 열정적인 마음을 가져야 한다. 무엇보다도 하나님의 이름을 최고로 높이고, 하나님이 하신 일에 대해서 영광을 돌려야 한다(욥 36:24).

제3계명이 금하는 것

제3계명에서는 하나님의 이름을 모독하거나 남용하는 것을 금하고 있다. 이것은 하나님의 이름에 대해서 합당한 존경심을 가지지 않고 불경스럽게 말하는 경우이다. 위선자들은 하나님의 이름을 부르면서 자신이 믿음이 있는 것처럼 나타낸다. 하나님의 이름을 부르고 예배하는 것 같지만 그것은 아무것도 아니다. 하나님의 이름으로 자신의 거짓을 가리는 경우도 하나님의 이름을 망령되게 사용하는 것이다. 하나님의 이름을 가볍게, 그리고 함부로 사용하거나 하나님의 이름을 사용하는 것에 주의를 기울이지 않는 것도 죄이다. 또한 성급한 마음으로 서약하는 것 역시 제3계명을 어기는 것이다(마 5:34-36). 하나님의 말씀이 모독을 당하는 경우도 여기에 해당된다. 하나님의 말씀을 곡해하고 왜곡하는 것 역시 제3계명을 어기는 것이 된다(벧후 3:16; 사 22:13).

덧붙여진 논리

제3계명을 어기는 자들은 사람들의 심판은 피할 수 있다. 사람의 법으로 하나님의 이름을 모독하는 것에 대해서 심판할 수 없고, 권세 있는 자들 가운데 하나님을 무시하는 자들이 있기 때문이다. 그러나 하나님의 심판은 피할 수 없다. 하나님은 결코 모독을 당하지 않으신다(갈 6:7). 하나님은 그들에게 재앙을 내리시고(신 28:58-59), 그들을 끊어 내시며(슥 5:3), 땅에 기근을 보내신다(호 4:1-5). 따라서 하나님의 이름은 반드시 경외하는 마음으로 불러야 한다.

32주 제4계명

질문 57. 제4계명이 무엇입니까?

답 ㅣ 제4계명은 "안식일을 기억하여 거룩하게 지키라 엿새 동안은 힘써 네 모든 일을 행할 것이나 일곱째 날은 네 하나님 여호와의 안식일인즉 너나 네 아들이나 네 딸이나 네 남종이나 네 여종이나 네 가축이나 네 문안에 머무는 객이라도 아무 일도 하지 말라 이는 엿새 동안에 나 여호와가 하늘과 땅과 바다와 그 가운데 모든 것을 만들고 일곱째 날에 쉬었음이라 그러므로 나 여호와가 안식일을 복되게 하여 그날을 거룩하게 하였느니라"입니다.

질문 58. 제4계명이 요구하는 것이 무엇입니까?

답 ㅣ 제4계명이 요구하는 것은 하나님의 말씀에 정해진 날을 거룩하게 지키라는 것입니다. 곧 7일 중에 하루를 종일토록 하나님께 거룩한 안식일로 지키라는 것입니다.

질문 59. 하나님이 7일 중에 어느 날을 안식일로 정하셨습니까?

답 | 하나님은 세상의 시작으로부터 그리스도의 부활까지는 주중의 일곱째 날을 안식일로 정하셨습니다. 그 후부터 세상 끝 날까지는 주중의 첫째 날로 명하셨는데, 이는 그리스도인의 안식일입니다.

질문 60. 안식일을 거룩하게 지키는 방법은 무엇입니까?

답 | 안식일을 거룩하게 지키는 방법은 그날 종일을 거룩하게 쉬고, 다른 날에 합법적으로 할 수 있는 세상적인 일이나 오락으로부터도 쉬고, 모든 시간을 공적 예배와 사적 예배에 사용하는 것입니다. 다만 부득이한 일이나 자비를 베푸는 경우에는 예외입니다.

질문 61. 제4계명이 금하는 것이 무엇입니까?

답 | 제4계명이 금하는 것은 요구하신 의무들을 이행하지 않거나 부주의하게 행하는 것입니다. 그리고 게으름과 죄 된 행위들을 하거나 혹은 세상적인 일과 오락에 관해 불필요한 생각과 말, 행위를 함으로써 안식일을 더럽히는 것입니다.

질문 62. 제4계명에 덧붙여진 논리가 무엇입니까?

답 | 제4계명에 덧붙여진 논리는 하나님이 우리의 일을 하도록 주중에 6일을 허락하셨고, 일곱째 날은 자신이 특별한 소유권을 주장하셨고, 친히 모범을 보이셨고, 안식일을 축복하셨다는 것입니다.

해 설

제4계명의 의미

제1계명은 예배의 대상을 말하며, 제2계명은 예배의 수단과 관련되어 있으며, 제3계명은 예배의 태도에 대한 것이다. 그리고 제4계명은 예배의 시간에 대해서 말하고 있다. 제4계명은 우리가 하나님께 드려야 할 예배의 시간이 정해졌다고 말한다. 하나님은 자신의 말씀에 일정한 예배의 시간을 정했다고 분명히 말씀하셨다. 하나님은 7일 중 하루를 거룩하게 구별해서 그날을 온전히 안식일로 지키라고 말씀하셨고, 하나님께 예배드리는 것을 잊을 수 없게 하셨다(겔 22:26). 제4계명은 하나님이 창조하신 후 직접 모범을 보이심으로 하나님이 안식일을 제정하셨다는 것을 분명히 했다. 안식일 법은 의식법이 아니라 도덕법이다.

안식일에서 주일로

하나님은 7일 중에 일곱 날을 안식일로 정하셨다. 이는 하나님의 창조를 기억하고 하나님께 반드시 예배해야 하는 것을 기억하게 하시려는 것이다. 모세를 통해 의식법이 주어지면서 안식일 계명과 의식법이 상호 연결되었다. 그러나 예수 그리스도께서 십자가에 죽으심으로 의식법이 필요 없게 되었다. 하지만 그렇다고 안식일 계명이 없어진 것은 아니다. 예수님이 그날을 주중의 첫째 날로 옮기심으로 안식일의 의미는 계속되었다(행 20:7). 그래서 그리스도인들이 그리스도의 부활 이후에는 주중의 첫째 날에 안식일을 지키는 것이다(계 1:10; 고전 16:1-2).

안식일을 지키는 방법

우리는 안식일에 세상적인 일과 오락으로부터 쉬어야 한다. 여기서 말하는 세상적인 일이나 오락은 다른 날에 할 수 있는 합법적인 것을 의미한다. 안식일에 일을 하지 않아서 세상적인 손실이 있을지라도 하나님께 먼저 순종하는 것이 마땅하다. 우리는 모든 것을 공급해 주시는 하나님을 먼저 생각해야 한다.

반면 안식일에 해야 하는 일들은 다음과 같다. 먼저, 공적인 예배에 참석해 하나님의 백성과 함께 찬양을 드리고 말씀을 들어야 한다(사 66:23). 공적 예배가 끝난 후에는 헛된 일로 시간을 낭비하지 말고 가정으로 돌아가서 그날 들은 말씀을 암송하며, 가족들에게 요리 문답을 가르치며, 시편의 노래를 부르고, 기도를 드려야 한다. 그리고 하나님의 말씀을 서로 나누는 것이 좋다.

제4계명이 금하는 것

제4계명이 금하는 것은 예배를 드리지 않는 것이다. 이것은 하나님의 백성의 집회를 잊어버리거나 드리지 않는 것을 말한다. 이는 안식일을 모독하는 것으로서, 경건하지 않은 행동들이다. 또한 세상적인 일들에 관한 불필요한 생각과 말을 하는 것을 금하고 있다. 오직 이날은 주 안에서 기쁨과 즐거움을 얻는 날이다(사 58:13-14).

덧붙여진 논리

　제4계명에 덧붙여진 논리는 안식일을 더욱 엄격하고 효과적으로 준수할 수 있도록 권고하는 말씀이다. 하나님은 6일을 일하도록 허락하셨고, 다만 하루를 자신에게 드리도록 요구하셨다(말 3:8). 이것은 안식일에 대한 소유권이 하나님께 있음을 말한다(막 2:28). 따라서 안식일을 우리를 위해 사용해서는 안 된다. 하나님은 친히 모범을 보이셨고, 안식일을 축복하셨다. 그렇기 때문에 안식일을 지킴으로 우리가 하나님의 복을 받게 하셨다.

33주 제5계명

질문 63. 제5계명이 무엇입니까?

답 | 제5계명은 "네 부모를 공경하라 그리하면 네 하나님 여호와가 네게 준 땅에서 네 생명이 길리라"입니다.

질문 64. 제5계명이 요구하는 것이 무엇입니까?

답 | 제5계명이 요구하는 것은 윗사람, 아랫사람, 동등한 관계에 있는 사람 등 자신의 지위와 인륜 관계에 있는 모든 사람의 명예를 존중하고 의무를 행하라는 것입니다.

질문 65. 제5계명이 금하는 것이 무엇입니까?

답 | 제5계명이 금하는 것은 자신의 지위와 인류 관계에 있는 모든 사람의 명예를 무시하거나 의무를 행하지 않는 것입니다.

질문 66. 제5계명에 덧붙여진 논리가 무엇입니까?

답 | 제5계명에 덧붙여진 논리는 이 계명을 지키는 모든 사람에게 하나님께 영광이 되고 자신들에게 유익이 되는 한 장수하고 번성하는 축복을 주겠다고 약속하신 것입니다.

해 설

제5계명의 당사자

제5계명의 의무를 행하는 자는 부모와 윗사람에 대해서는 물론이거니와 아랫사람과 동등한 관계에 있는 사람들에게도 의무를 행해야 한다. 여기서 부모는 아버지와 어머니를 의미하고, 윗사람은 주인, 말씀 사역자, 주권자, 노인과 연장자, 은혜를 보다 많이 받은 자들을 포함한다. 동등한 관계에 있는 사람은 형제, 자매, 친족, 친구, 그리고 연령이나 신분, 지위, 권위에 있어서 별로 큰 차이가 없는 자들을 말한다. 아랫사람은 자녀들을 의미한다.

따라서 제5계명은 단지 부모를 공경하는 차원을 넘어서 자신과 관련된 모든 사람과의 관계를 포함하는 계명이다(마 23:8).

제5계명의 의무

부모에 대한 의무는 내적으로는 공경하고, 경외하고, 존경하는 것이며, 외적으로는 공경하는 행위들이다. 자녀들은 부모의 가르침을 경청하고, 훈계를 들어야 한다(잠 4:1). 그리고 부모의 명령에 순종해야 한다. 부모의 견책을 온유하고 인내하는 태도로 받아들이며(히 12:9), 생애의 중요한 문제를 결정할 때 부모의 충고를 들어야 한다(출 18:24). 물론 부모를 봉양해야 한다(룻 4:15).

성도로서의 의무는 말씀 사역자들을 존경하고, 그들의 수고에 감사하는 것이다. 말씀 사역자들과 좋은 것을 나누며(갈 6:6), 그들을 위해서 기도하는 것이다. 또한 종으로서 주인을 공경해야 한다. 부지런함과 자원함으로 그리스도께 순종하듯이 주인을 섬겨야 한다. 나라의 백성으로서 주권자에 대해서 의무를 다해야 한다. 세금을 내고, 그들을 위해 기도해야 한다(딤전 2:1-2). 노인과 연장자에 대해서는 존경하고 겸손히 순종해야 한다(레 19:32).

자녀들에 대한 부모의 의무는 사랑과 관심을 가지고 양육하며 돌보는 것이다. 자녀들에게 신앙 교육을 하고, 자녀들을 위해서 기도해야 한다. 친절한 말로 용기를 주는 것도 포함된다. 젊은 사람들에 대해서는 거룩하고 모범적인 행실을 보여야 한다. 동등한 관계에 있는 사람들 상호 간에 지켜야 하는 의무는 상대방의 위엄과 가치를 존중하고, 남을 나보다 낮게 여기고, 화목하게 하는 것이다.

제5계명이 금하는 것

제5계명이 금하는 것은 윗사람으로서 자신의 영광을 구하고, 아랫사람에게 불법을 행하도록 요구하고, 멸시하고, 그들을 불명예스럽게 하는 것이다. 물론 아랫사람으로서 윗사람에 대해서 시기하고, 멸시하고, 반항하는 것도 금하고 있다. 남편과 아내의 관계에 있어서도 남편이 가족을 돌보지 않는 것과 아내를 위로하지 않는 것을 금하고 있다. 아내가 남편을 존경하지 않거나 남편보다 높아지려고 하는 것을 금한다.

제5계명이 금하는 것 중에 부모와 자녀의 관계에 있어서는 부모가 자녀를 돌보지 않는 것과 훈련하지 않는 것이 있다. 그리고 자녀가 부모에게 굴복하지 않고, 순종하지 않으며, 공경하지 않는 것도 포함된다. 주인과 종의 관계에 있어서 제5계명은 주인이 종에게 임금을 주지 않는 것을 금하고 있으며, 종의 경우 게으른 것을 금하고 있다.

말씀 사역자와 성도의 관계에 있어서는, 말씀 사역자들이 성도들의 영적 상태에 대해서 무지하거나 그들을 영적으로 돌보는 것에 주의하지 않는 것을 금하고 있다. 또한 성도들이 말씀 사역자를 존경하지 않고, 그들에 대해서 나쁜 말을 하거나, 그들을 위해 기도하지 않는 것을 금하고 있다.

주권자와 백성의 관계에서는, 주권자가 불공평하게 행하는 것과 악인을 처벌하지 않는 것을 금하고 있다. 그리고 백성이 세금을 내지 않거나 주권자를 존경하지 않는 것을 금하고 있다.

덧붙여진 논리

제5계명에는 계명을 지키는 자들에게 용기를 주기 위한 약속이 덧붙여져 있다. 그 약속은 장수와 축복과 번성함이다. 부모를 공경하고 상하 관계의 의무를 충실히 지키는 자들은 이 땅에서 오래 살고 번성하는 복을 받는데, 이것은 약속으로 인한 것이다. 물론 이러한 것들은 이 땅에서 일시적이지만, 경건한 자들에게 하나님이 주시는 축복이다(딤전 4:8).

이런 하나님의 축복은 하나님의 영광을 증진시키는 경우에 한정되는 것이다. 하지만 축복이 하나님의 영광을 가리고, 그들의 경건에 유익이 되지 않는다면 하나님은 자신의 축복을 거두어 가실 것이다.

34주 제6계명

질문 67. 제6계명이 무엇입니까?

답 | 제6계명은 "살인하지 말라"입니다.

질문 68. 제6계명이 요구하는 것이 무엇입니까?

답 | 제6계명이 요구하는 것은 모든 합당한 노력을 기울여 우리 자신의 생명과 다른 사람들의 생명을 보전하라는 것입니다.

질문 69. 제6계명이 금하는 것이 무엇입니까?

답 | 제6계명이 금하는 것은 우리 자신의 생명이나 이웃의 생명을 부당하게 빼앗거나 죽음에 이르게 하는 모든 것입니다.

> 해 설

살인하지 말라

살인하지 말라는 것은 다른 사람에게 해를 끼치지 말라는 것이다. 우리는 다른 사람의 이름에 해를 끼쳐서는 안 된다. 우리가 다른 사람을 중상모략하거나 그의 명예에 손상을 주는 것은 살인하는 것과 마찬가지이다(마 5:21-22). 그리고 우리는 다른 사람의 몸에 해를 가해서는 안 된다. 하나님이 주신 생명은 귀한 것이다. 따라서 살인하지 말라는 계명은 다른 사람에게 분노하는 것, 다른 사람을 시기하고 미워하는 것이 죄라는 것을 말해 준다(요일 3:15). 이러한 것들은 마음과 말로써 그 사람을 죽이는 것이기 때문이다.

말과 마음과 글로써 사람을 죽이는 것도 심각한 죄인데, 더욱 심각한 살인죄는 직접 행동으로 사람을 압제하고 자신의 손으로 그의 목숨을 앗아 가는 것이다. 이러한 살인죄는 마귀에게서 난 죄이다. 마귀는 죽음을 맞도록 사람을 유혹하기도 한다. 마귀는 처음부터 살인하는 자이기 때문이다(요 8:44).

또한 다른 사람의 영혼으로 죄를 짓게 하는 것도 살인이다. 자신의 나쁜 삶의 모습으로 다른 사람이 죄를 짓게 하는 것도 살인한 것과 같다. 살인죄는 분명 하나님이 심판하시는 끔찍한 죄이다.

자살

자신의 목숨을 끊는 것은 살인이다. 자기 스스로를 위험에 빠트려서 죽음에 이르게 하는 것도 자살이다. 자신이 몸이 아픈데 (의사를 찾아가지 않는 등) 적당한 수단을 사용하지 않아서 죽음에 이르게 할 수 있다. 슬픔에 빠져서 그 어떤 행동도 할 수 없는 상황에 이르게 하는 것도 자신을 죽이는 것이다. 담배를 피우고 술을 과도하게 마셔서 자신의 건강을 해치고 수명을 단축시켜 결국 죽음에 이르게 하는 것도 살인죄에 해당된다.

보통 스스로 목숨을 끊는 경우, 그 원인이 불만이나 지극한 우울증일 때가 많다. 이것은 교만에 해당된다(마 27:5). 또한 가난으로 인해 자신의 목숨을 끊는 경우가 있는데, 이는 하나님을 의지하는 것을 포기한 것이다. 이것 역시 교만으로부터 온 것이다. 또한 마귀가 지극한 절망의 상태에 있게 해 자신을 죽이게 만드는 경우도 있다.

제6계명이 요구하는 의무

우리는 다른 사람의 생명을 보존하기 위해 노력해야 한다. 슬픔에 빠져 있는 자들을 위로하며(잠 12:18), 선한 사마리아 사람처럼 어려움을 겪고 있는 자들에게 실제적인 도움을 주어야 한다(눅 10:37). 성경은 과부와 고아에게 반드시 도움을 주라고 말한다. 이들은 자신들의 힘으로 할 수 있는 것이 없는 경우를 의미한다(약 1:27). 이렇게 다른 사람의 생명 유지를 위해 노력하는 것을 '자비의 사역'이라고 한다. 이것은 자신에게 은혜가 있음을 나타내는 수단이 된다.

하나님은 제6계명을 통해서 우리에게 어려운 자들을 도와줄 것을 명령하시기 때문에 말로만 할 뿐 실제로 돕지 않는 것은 죄이다(약 2:15-16; 요일 3:17-19). 하나님은 우리가 믿음으로 행한 모든 자비의 행위를 기억하신다. 그리고 우리의 자비의 행위들은 하나님께 영광을 돌리는 것이 된다. 하나님으로부터 받은 풍성한 은혜를 다른 사람에게 나누어 주는 것은 하나님의 풍성하심을 나타내는 것이다.

제6계명이 금하는 것

제6계명은 우리의 몸을 죽음에 이르게 하는 위험에 노출시키거나 던지는 것을 금하고 있다. 우리의 몸을 망가뜨리는 중독적인 습관들(술, 담배 등)도 금하고 있다. 한편으로는 몸을 완전히 손상하게 하는 노동도 여기에 포함되며, 불필요한 위험에 자신을 노출시키는 것도 금하고 있다(삼하 23:16-17). 제6계명이 금하는 것에는 다른 사람을 핍박하는 것과 다른 사람이 어려움 가운데 있을 때 무시하는 것도 포함되어 있다(암 6:6). 물론 다른 사람을 저주하거나, 거짓 고소하거나, 다른 사람의 몸을 해하는 것 역시 금하고 있다(사 3:14-15; 미 3:3).

합당한 노력

자신의 생명과 다른 사람의 생명을 보전하기 위한 합당한 노력은 폭력에 대항하기 위해서 무기를 사용하고(출 22:2), 몸을 보전하기 위해서 음식을 공급하고, 병이 들었을 경우 약을 사용하는 것을 말한다(딤전 5:23). 생명은 하나님께 봉사하기 위한 기간으로 정해진 것이다. 따라서 자신의 몸을 건강하게 보전하기 위해 운동을 하고 영양을 공급하는 것은 우리가 해야 할 합당한 노력에 포함된다(요 9:4).

35주 제7계명

질문 70. 제7계명이 무엇입니까?

답 | 제7계명은 "간음하지 말라"입니다.

질문 71. 제7계명이 요구하는 것이 무엇입니까?

답 | 제7계명이 요구하는 것은 마음과 말과 행동으로 우리 자신과 이웃의 순결을 보존하라는 것입니다.

질문 72. 제7계명이 금하는 것이 무엇입니까?

답 | 제7계명이 금하는 것은 모든 더러운 생각과 말과 행동입니다.

해 설

자연의 빛

간음하지 말라는 것은 십계명이 주어지기 전에 이미 사람의 양심에 새겨진 하나님의 뜻이다. 구약성경에서 그 예를 쉽게 찾아볼 수 있다. 아비멜렉 왕은 아브라함의 아내 사라를 데려갔다. 물론 아브라함이 자신의 아내를 누이라고 했기 때문에 취했던 것이다(창 20:2). 그러나 하나님이 그날 밤에 아비멜렉에게 나타나셔서 "그는 남편이 있는 여자임이라"(창 20:3)라고 말씀하셨다. 이에 아비멜렉은 매우 두려워했고, 사라를 아브라함에게 돌려주면서 "네가 어찌하여 우리에게 이렇게 하느냐 내가 무슨 죄를 네게 범하였기에 네가 나와 내 나라가 큰 죄에 빠질 뻔하게 하였느냐 네가 합당하지 아니한 일을 내게 행하였도다"(창 20:9)라고 말했다. 즉 이방인이라도 간음하는 것이 큰 죄인 줄 알고 있었던 것이다.

하나님은 우상 숭배를 미워하시는데, 우상 숭배에는 음행하는 것이 포함되어 있다. 그래서 "음행과 묵은 포도주와 새 포도주가 마음을 빼앗느니라"(호 4:11)라고 책망하셨다.

이렇게 자연의 빛 가운데 간음하는 것이 죄라는 사실을 알고 있었다는 예는 우리나라 삼국시대의 법 규정에서도 찾아볼 수 있다. 백제 시대 때 간음한 여자는 남편 집의 노비가 되었다.

제7계명이 요구하는 것

먼저 우리는 육신의 정욕으로부터 자신의 몸을 정결하게 유지해야 한다(살전 5:4). 우리의 몸을 하나님께 거룩한 제사로 드리기 위해서는 몸을 정결하게 유지해야 한다(롬 12:1). 우리의 몸은 하나님께 영광을 돌리는 도구이며, 성령의 전이기 때문이다(고전 6:19). 우리의 정욕은 십자가에 못 박혀 죽었으며, 우리는 의의 도구가 되었기 때문에 더욱 정결하고자 해야 한다(롬 6:13). 우리가 정욕으로 우리의 몸을 더럽히면 하나님이 우리의 몸을 멸하실 것이다(고전 3:17). 우리의 마음은 순결해야 한다. 이것은 사람 사이에서 서로 순결하고 정결한 마음으로 대하는 것을 의미한다(벧전 1:22). 정욕이 우리 마음에 들어오게 되면 결국 죄를 낳기 때문에(약 1:15) 우리는 마음에 더러운 생각들을 가지게 되는 것을 피해야 한다(딤후 2:22).

우리는 덕을 세우는 말과 순수한 말을 함으로써 말에서 불결한 것을 피해야 한다(습 3:9). 또한 우리의 행동에서 순수함을 유지해야 한다(벧전 3:2). 행동의 순수함에는 단정하게 옷을 입는 것도 포함된다(사 3:16; 딤전 2:9). 자신의 눈을 정결하게 보존하기 위해서 자신의 눈과 약속을 해야 한다(욥 31:1). 우리는 이미 십자가에 우리의 정욕을 못 박았기 때문에(갈 5:24) 우리의 생각과 정신에 더러움이 들어오지 못하도록 항상 정결하게 유지해야 하는 것이다(고후 7:1).

제7계명이 금하는 것

간음은 하나님을 대적하는 매우 큰 죄이다. 그래서 구약성경에서는 간음하는 자를 죽이라고 명령했다(레 20:10). 신약성경에서도 간음하는 자들은 하나님 나라를 유업으로 받을 수 없다고 했다(고전 6:10). 간음죄의 심각성에 대해서 예수님은 더러운 마음으로 여인을 바라보는 것은 이미 죄를 지은 것이라고 말씀하셨다(마 5:28). 더러운 생각들이 죄를 짓도록 만들기 때문이다. 따라서 우리는 더러운 생각과 육신의 정욕이 우리의 마음에 들어오지 못하도록 경계해야 한다(골 3:5). 간음죄는 몸으로 짓는 죄이기도 하지만 영혼에 대한 죄이다(벧전 2:11). 이것은 소돔이 하나님의 심판을 불러일으켰던 죄이다(겔 16:49).

우리는 육신의 정욕을 피해야 한다(벧전 2:11). 더러운 말과 어리석은 말, 희롱하는 말을 피해야 한다(엡 5:4). 또한 이러한 행동을 하는 사람들을 피해야 한다(엡 5:11).

36주 제8계명

질문 73. 제8계명이 무엇입니까?

답 | 제8계명은 "도둑질하지 말라"입니다.

질문 74. 제8계명이 요구하는 것이 무엇입니까?

답 | 제8계명이 요구하는 것은 우리 자신이나 다른 사람들의 부와 재산을 합법적으로 얻고 증진시키라는 것입니다.

질문 75. 제8계명이 금하는 것이 무엇입니까?

답 | 제8계명이 금하는 것은 우리 자신이나 이웃의 부와 재산을 부당하게 저해하는 모든 행위입니다.

해 설

도둑질의 원인

도둑질의 첫째 원인은 불신앙이다. 하나님의 섭리를 믿지 않는 데에서 나오는 것이다. 하나님은 광야에서도 식탁을 베푸셨다(시 78:19). 이렇게 공급해 주시는 하나님을 믿지 않는 데에서 남의 것을 도둑질하는 일이 시작되는 것이다.

도둑질의 둘째 원인은 탐욕이다. 아간은 탐욕으로 인해 도둑질했다(수 7:20). 외부적인 요인으로, 마귀의 유혹으로 도둑질하게 되는 경우가 있다. 마귀는 가룟 유다의 생각을 지배해서 도둑질하게 했다.

도둑질의 종류

하나님의 것을 훔치는 도둑질이 있다. 하나님의 날인 주일을 지키지 않는 것은 날을 도둑질하는 것이다. 다른 사람의 영혼을 훔치는 것도 도둑질이다. 다른 영혼으로 하여금 이단에 빠지게 하고, 잘못된 가르침에 빠뜨리는 것은 도둑질이다. 다른 사람의 돈과 재산을 훔치는 것은 도둑질이다. 한편으로 법 아래에서 교묘하게 부당한 거래를 하는 것도 도둑질이다. 삭개오는 회심하기 전에 분명 도둑질하는 자였다(눅 19:8).

물건을 팔면서 가격과 중량을 속이는 행위도 도둑질이다. 다른 사람에게 돈을 빌리고 갚지 않는 것 역시 도둑질이다. 특별히 고아와 과부처럼 가장 힘이 없는 자들의 것을 탈취하는 것은 더욱 무거운 도둑질이다. 그래서 다윗의 죄를 '가난한 자의 양을 빼앗은 것'이라고 했던 것이다(삼하 12:4).

비록 자신의 재산이라고 하더라도 그것을 낭비하고 허비하는 것도 도둑질하는 것이다(눅 15:13). 게으름으로, 혹은 헛된 것으로 시간을 낭비하는 것도 도둑질이다.

제8계명이 요구하는 것

우리는 합법적인 방법으로 부와 재산을 얻어야 한다. 합법적이지 않은 방법을 사용하는 것은 도둑질이다. 따라서 우리는 합당하고 알맞은 직업을 선택하고, 직업을 통해서 이 세상의 선한 것을 증진시키며, 직업상의 일들을 잘 관리해야 한다(롬 2:17). 또한 근검절약해서 불필요한 지출을 막고, 호화스럽고 사치스러운 것을 거부해야 한다(잠 21:20). 그리고 우리의 수고에 하나님이 축복하시기를 구해야 한다(잠 10:22).

한편으로 하나님이 허락해 주신 재산을 선한 데 사용하고, 궁핍한 사람에게 나누어 주어야 한다(잠 11:24-25). 다른 사람에게 정직하게 진실을 말해야 하며(시 15:2), 약속을 이행하며 성실히 수행해야 한다. 물건을 사고파는 것에 있어서 공평하게 해야 한다. 다른 사람에게 마땅히 줄 것을 주어야 하고(롬 13:7-8), 합법적인 방법으로 취하지 않았다면 반드시 되돌려주어야 한다. 길을 잃은 양을 발견했다면 주인을 찾아 주어야 한다(신 22:1-4). 따라서 우리는 우리 자신의 떡을 먹으며, 자족하고 감사해야 한다.

제8계명이 금하는 것

제8계명은 도박이나 낭비, 음주, 방탕함으로 자신의 재산을 허비하고 망가뜨리는 것을 금한다(잠 23:21). 무분별하게 모험을 하거나 함부로 보증을 서서 자신의 재산을 없애는 것도 금하고 있다. 또한 부자가 되고자 하는 욕망으로 재산을 모으는 것도 금하고 있다. 돈을 사랑하는 것이 일만 악의 뿌리가 되기 때문이다(딤전 6:9-10). 다른 사람에 대한 불의와 부정행위(잠 11:1)와 물건을 팔 때 양심을 거스르고 사람들을 속이는 것 역시 금하고 있다(잠 11:1).

37주 제9계명

질문 76. 제9계명이 무엇입니까?

답 | 제9계명은 "네 이웃에 대하여 거짓 증거하지 말라"입니다.

질문 77. 제9계명이 요구하는 것이 무엇입니까?

답 | 제9계명이 요구하는 것은 사람과 사람 사이의 진실함과 우리 자신과 이웃의 평판을 유지하고 증진시키라는 것이고, 특별히 증언하는 일에 있어서 그렇게 하라는 것입니다.

질문 78. 제9계명이 금하는 것이 무엇입니까?

답 | 제9계명이 금하는 것은 진실에 어긋난 모든 일과 우리 자신과 이웃의

평판에 손상을 가하는 것입니다.

해 설

거짓 증거

우리의 혀는 하나님을 찬양하도록 만들어진 기관이다. 이 기관이 불의의 용도로 사용되는 것을 하나님은 금하셨다. 우리는 하나님이 만드신 기관인 혀를 통해 선한 행위를 도모해야 한다.

제9계명이 요구하는 것은 우리의 이웃에 대해서 거짓 증거하지 말라는 것이다. 이웃에 대한 거짓 증거는 두 가지이다. 먼저, 우리의 이웃에 대한 중상모략이다. 이는 전갈의 꼬리에 있는 독처럼 이웃에게 결정적인 상처를 주는 것으로, 죄악 가운데 하나이다. 사도 바울은 고린도 교회 사람들로부터 자신이 사도가 아니라는 것과 물질적 이득을 위해 일한다는 거짓 모함을 당했다. 세례 요한에 대해서 사람들은 귀신이 들렸다고 말했다(마 11:18). 이는 혀를 가지고 사람을 죽이는 것이다. 혀로 인해 받은 상처는 칼로 입은 상처보다 더욱 크다.

또한 이웃에 대해서 거짓으로 증거하는 것이다. 이것은 주께서 미워하시는 것이다(잠 12:22). 성령은 진리의 영이시며, 마귀는 항상 속이는 자이다. 따라서 거짓으로 이웃을 증거하는 것은 마귀의 도구가 되는 것이다. 거짓말은 하나님의 공동체 전체에 어려움을 주기 때문에 하나님이 때때로 즉각적으로 심판하신다. 아나니아와 삽비라의 경우 교회 앞에서, 그리고 성령께 거짓말을 했고, 즉각적으로 심판을 받았다(행 5:5).

적극적인 의미

제9계명의 적극적인 의미는 사람과 사람 사이에 진실을 유지하고 증진시키라는 것이다. 우리가 진실을 유지하기 위해서는 상호 간에 솔직하게 마음으로부터 진실을 말해야 한다(슥 8:16-17). 시편 15편 1-3절에서 다윗은 주 앞에 나올 때 자신이 다른 사람에 대해서 정직하게 행했는지와 그 마음에 진실을 말했는가를 돌아보았다.

우리는 다른 사람과의 관계에서도 상대방의 이름과 평판을 가치 있게 유지하고 증진시켜야 한다. 물론 이것은 우리의 심령에서 거짓을 미워하고 거룩을 추구하는 가운데 나오는 것이다. 또한 성령의 역사로 겸손하고 악의가 없는 마음에서 나온다(골 3:12). 우리는 특별히 그리스도와 하나님께 대해 신앙고백을 하는 자들이다. 그래서 하나님의 영광을 위해 사람들 사이에 상호 신뢰가 증진되도록 노력해야 한다.

이웃의 평판의 유지와 증진

이웃의 평판을 유지하고 증진시키는 방법은 다른 사람 안에 있는 훌륭한 점들을 바라보고 합당한 방법으로 인정하는 것이다(빌 2:4). 또한 다른 사람의 장점과 유익에 대해서 하나님께 감사하고, 그것을 사랑하고 도모하는 것이다. 사도 바울은 로마에 있는 성도들을 생각하면서 하나님께 감사를 드렸다(롬 1:8). 그리고 로마서의 마지막 부분에 가서는 성도들의 장점을 일일이 소개하면서 서로 문안하라고 당부했다(롬 16장).

이웃의 평판을 유지하고 증진시킨다는 것은 다른 사람에 대한 선한 보고에 대해서 기꺼이 받아들이고 기뻐한다는 것이다(요삼 1:3). 즉 다른 사람들의 장점과 은사들을 솔직하게 인정하고, 그것을 좋아하는 것이다 (고전 1:4-7).

제9계명이 금하는 것

제9계명이 금하는 것은 모든 종류의 거짓말과 속임수, 고소하는 것, 말을 왜곡시키는 것뿐 아니라 진실에 어긋난 모든 일이다. 이것은 부패한 본성에서 나오는 것으로, 성령으로 거듭난 사람은 반드시 이러한 행위를 하지 않도록 그 행위를 벗어야 한다(골 3:9).

제9계명이 금하는 것에는 이웃에 대해서 나쁜 소문을 내는 것도 포함된다. 이것은 이웃에 대해 거짓 증거하는 것이다(잠 18:5, 19:5). 또한 헛된 영광을 추구하고 자신을 자랑함으로 이웃에게 시기심을 촉발해 싸움이 일어나게 하는 것도 포함된다(갈 5:26). 이웃을 성급하게 판단해 나쁘게 말하는 것도 죄이다(롬 2:1). 또한 이웃을 비웃거나 조롱하거나 험담을 하는 것도 죄이다(시 50:19-20). 이웃에 대한 거짓 증거는 소문으로 번져서 당사자에게 큰 해를 줄 수 있다는 것을 기억해야 한다(출 23:1).

38주 제10계명

질문 79. 제10계명이 무엇입니까?

답 | 제10계명은 "네 이웃의 집을 탐내지 말라 네 이웃의 아내나 그의 남종이나 그의 여종이나 그의 소나 그의 나귀나 무릇 네 이웃의 소유를 탐내지 말라"입니다.

질문 80. 제10계명이 요구하는 것이 무엇입니까?

답 | 제10계명이 요구하는 것은 우리 자신의 형편에 대해서 완전히 만족하며 이웃과 그의 모든 소유에 대해 의롭고 자비로운 마음을 가지라는 것입니다.

질문 81. 제10계명이 금하는 것이 무엇입니까?

답 | 제10계명이 금하는 것은 우리 자신의 형편에 만족하지 못하고 이웃의 잘됨을 시기하고 싫어하는 것과 이웃이 가지고 있는 모든 것에 대해 부적절한 마음과 탐욕을 품는 것입니다.

해 설

탐욕

탐욕은 온 마음을 쏟아서 세상에 대해서 생각하고, 행동하는 것이 온통 이 세상에 대한 것임을 말한다. 그래서 항상 계획하고 추구하는 것이 세상에 대한 것들이다. 탐욕을 가진 사람의 마음에는 영원한 것과 하늘에 대한 것이 있을 공간이 없다(창 25:34). 탐욕은 영원한 생명을 얻는 것보다 이 세상의 것을 얻기 위해 애쓰며 수고하는 것이다. 탐욕을 가진 자는 자신의 구원에 마음을 두지 않는다. 따라서 그리스도에 관심이 없다.

탐욕은 말과 대화에 온통 세상에 대한 것만 있는 상태이다(눅 16:14). 사람의 언어를 보면 탐욕스러운 사람인지를 분별할 수 있다. 세상의 영예와 물질에 대한 말과 그것을 자랑하는 말을 주로 하는 사람은 탐욕스러운 사람이다(딤후 3:2).

탐욕은 결국 영적인 것을 떠나게 만든다. 부자 청년 관원은 영적인 문제를 가지고 예수님께 왔다. 예수님은 그에게 모든 재산을 팔고 따르라고 하셨다(마 19:21). 청년은 자신의 탐욕으로 인해 근심했고, 결국 예수님을 따르지 못하고 세상으로 갔다. 탐욕은 그 사람으로 세상의 일에 분주하게 만든다. 그는 하나님을 섬기고 예배할 시간이 없다(눅 10:40). 이 세상의 것으로 마음이 분주하기 때문에 하나님의 말씀을 듣고 연구하는 것에 시간을 투자하지 않는다. 결국 탐욕은 자신의 재산을 늘리기 위해서 다른 사람의 재산에 손상을 가하게 한다.

탐욕은 심각한 죄

탐욕은 교묘한 죄이며, 온 영혼을 더럽히는 죄이다. 물론 탐욕을 가지고 있으면서도 외적으로는 은혜로운 모습을 할 수 있다. 이런 사람은 탐욕으로 다른 사람의 재산에 손상을 가했으면서도 자신의 가족을 위해서 어쩔 수 없었다고 말한다. 탐욕은 가시밭에 뿌려진 씨앗이 질식해서 고사하는 것처럼 우리 심령에 있는 은혜로운 성질들을 질식시킨다(마 13:7). 탐욕이 있는 사람은 세상적인 마음으로 인해 이웃과 가난한 자를 돌보지 않고, 하나님의 사업에 마음을 두지 않는다.

탐욕은 모든 죄악의 근원이 된다. 돈을 사랑하는 것이 일만 악의 뿌리가 된다(딤전 6:10). 탐욕은 제10계명의 모든 항목을 어기게 만든다. 신앙 가운데 있다고 하면서 탐욕을 가지고 있는 자는 오직 세상에서의 성공과 부를 추구하기 때문에 하나님을 욕되게 하는 것이다. 탐욕은 하늘에 대해 완전히 눈을 닫게 해 멸망으로 달려가게 만든다(마 19:23). 따라서 하나님은 탐욕을 매우 미워하신다.

제10계명이 요구하는 것

탐욕을 극복하는 것은 우리 자신의 형편에 완전히 만족하는 것이다. 돈을 사랑하지 말고 있는 바를 족한 줄로 알아야 한다(히 13:5). 우리 자신의 형편에 만족하는 것은 지금 상황과 위치를 기쁘게 여기고 감사하는 것이다. 지금의 상태를 하나님이 인도해 주신 것으로 여기라는 것이다(딤전 6:6-8; 빌 4:11-12). 자족하기 위해서는 우리가 이 땅에 올 때 아무것도 가지고 온 것이 없고, 이 세상을 떠날 때에도 가지고 갈 수 있는 것이 아무것도 없다는 사실을 알아야 한다. 이 땅에서의 삶이 영구한 것이 아니라 매우 짧게 지나간다는 것도 인식해야 한다(고전 7:29-31). 이 세상에 있는 것들은 모두 일시적이다(약 5:3). 우리는 항상 영원한 것이 있으며 그것이 하늘에 있다는 사실을 기억해야 한다(고후 4:17-18).

시기심

시기심은 매우 복합적인 감정이다. 이는 다른 사람이 가지고 있는 것을 자신도 가지고 싶다는 느낌으로, 다른 사람에 비해서 열등하다는 생각에서 나온다. 시기심은 다른 사람의 것을 탈취하거나 빼앗고자 하는 마음을 가지게 한다(약 3:16). 사울 왕은 다윗에게 시기심을 품어 그를 죽이려고 했다. 시기심은 탐욕으로 나아가게 하는 것이다. 제10계명은 우리의 마음이 탐욕을 품게 되는 것을 금한다. 우리 심령을 하늘에 관한 것과 그리스도에 대한 것으로 가득 차게 해 탐욕이 자리를 잡지 못하게 해야 한다.

39주 인간의 무능

질문 82. 하나님의 계명을 완전하게 지킬 수 있는 사람이 있습니까?

답 | 타락한 후 하나님의 계명을 완전하게 지킬 수 있는 사람은 없습니다. 사람은 날마다 생각과 말과 행동으로 그 계명을 어깁니다.

해 설

아담의 타락 전 상태

아담은 처음에 모든 도덕법을 지킬 수 있는 능력을 받았다(창 1:26-27; 전 7:29). 그의 심령에는 하나님의 계명이 새겨졌으며, 그 계명을 순종할 수 있었다. 아담의 순종은 계명과 일치되는 것이었다. 이렇게 타락 이전에 아담은 계명을 지킬 수 있는 능력이 있었으며, 거룩했고, 의로움을 가지고 있었다. 그러나 그가 타락하고 죄가 인류에게 들어와 우리의 영혼은 지극히 악해졌고, 도덕법을 완전하게 순종할 수 없게 되었다.

중생하기 전의 상태

중생하지 않은 자는 영적인 행동을 할 수 없고, 하나님의 모든 계명을 순종할 수 없다(고전 2:14; 롬 7:14). 그는 영적으로 죽었기 때문에 성령 안에서 기도할 수 없으며, 믿음으로 살 수 없고, 또한 영적인 의무를 행할 수 없다(엡 2:1). 그래서 영적인 이해력도 없고, 감각도 없다. 따라서 죄악을 깨달을 수 없으며, 하나님의 거룩하심을 인식할 수 없다. 더욱이 중생하지 않은 사람은 죄의 유혹을 견딜 만한 힘도 없고, 그의 의지로 도덕법을 지키려는 마음도 없기 때문에 도덕법을 완전하게 순종할 수 없다.

중생한 상태

중생한 사람도 이 땅에서 사는 한 완전하게 하나님의 계명을 지킬 수 없다(롬 7:18-25). 의로운 자의 행위 가운데에도 악이 들어가 있다. 성도라고 할지라도 하나님의 선하심에 대해서 의심한다. 우리의 육신은 성령의 지배를 받지 않으려 하고, 자신의 욕심을 이루려고 하는 경향이 있다(갈 5:17). 하나님의 계명을 완전하게 지키려고 하지만 자신에게는 그러한 능력이 없다. 그래서 중생한 자라 할지라도 그의 순종은 연약하고 부족한 것이다. 도무지 완전할 수 없다.

성경에 나오는 믿음의 인물들도 완전하지 않았다(창 9:21; 대하 32:25; 눅 1:20). 바울 자신도 선을 행하고자 하지만 어느새 악을 행하고 있는 자신에게 한탄했다. 거듭났다 할지라도 이 세상에서 하나님의 계명을 완전히 지키는 자는 없다.

중생한 자는 죄를 짓지 않는가?

요한일서 3장 6절은 "그 안에 거하는 자마다 범죄하지 아니하나니"라고 말하며, 3장 9절은 "하나님께로부터 난 자마다 죄를 짓지 아니하나니"라고 말한다. 여기서 '하나님께로부터 난 자'는 중생한 자를 의미한다. 그러면 "중생한 자는 죄를 짓지 않는가?"라고 질문할 수 있다. 여기서 '범죄하다' 혹은 '죄를 짓다'라는 말은 습관적으로 죄를 짓는 것을 의미한다. 그러므로 중생했다고 하면서 습관적인 죄를 지을 수는 없다는 것이다.

이 말씀이 의미하는 것은 중생했다면 죄를 미워하며, 죄와 싸우고, 죄 가운데 즐거워할 수 없다는 것이다. 하지만 중생한 자라 할지라도 절대적으로 완전한 것은 아니다.

하나님은 왜 계명을 지키라고 명령하시는가?

"우리가 계명을 완전하게 지킬 수 없다면 하나님은 왜 우리에게 계명을 지키라고 명령하시는가?"라고 질문할 수 있다. 비록 우리가 하나님의 계명을 완전하게 지킬 수는 없지만 하나님은 계명을 지키라고 명령하신다(벧전 1:18). 이렇게 요구하심으로써 하나님은 우리를 겸손하게 만드신다.

사람은 타락 이후 자기를 높이려는 성향을 갖게 되었다(약 3:5). 따라서 계명을 완전하게 지킬 수 없다는 것을 깨닫게 해 겸손하게 만드시는 것이다. 계명을 지키지 못함으로 자신의 결점과 무능력함을 보게 하시는 것이다. 계명을 지키지 못하는 자신을 깨닫고, 우리가 그리스도께 가도록 만드시는 것이다(히 7:25). 우리의 죄에 대해서 그리스도께 용서를 구하게 하시고, 그리스도의 완전한 순종과 그리스도로 인해 우리의 모든 부족을 덮으신 것을 찬양하게 만드시는 것이다. 따라서 하나님은 신자에게 계명을 지키라고 명령하시고, 신자는 계명을 지키려고 애를 써야 한다. 그래야 우리가 그리스도께서 베푸시는 유익에 얼마나 큰 빚을 지고 있는지 알 수 있다.

은혜 언약

진정한 구원의 백성은 행위 언약 아래에 있지 않다. 만약 행위 언약 아래에 있다면 모든 계명을 완전하게 지켜야 한다. 진정한 구원의 백성은 은혜 언약 아래에 있다. 은혜 언약 아래에서는 완전한 행위를 요구하시는 것이 아니라 신실한 믿음을 받으신다. 행위 언약 아래에서는 죄 없이 사는 것을 요구하시지만, 은혜 언약 아래에서는 우리가 죄와 싸우는 것을 받으시는 것이다. 비록 그리스도인이 하나님의 계명을 완전하게 지킬 수는 없지만 우리의 불완전한 순종을 그리스도 안에서 완전한 것으로 받아 주시는 것이다. 왜냐하면 그리스도께서 하나님 앞에 완전하게 순종하셨기 때문이다.

40주 죄와 형벌

질문 83. 법을 어기는 죄가 모두 동일하게 극악무도합니까?

답 | 어떤 죄는 그 자체로 악하며, 여러 가지 무서운 죄로 발전하기에 하나님이 보시기에 다른 죄보다 더욱 악한 것입니다.

질문 84. 모든 죄가 받아야 하는 형벌이 무엇입니까?

답 | 모든 죄는 이 세상과 오는 세상에서 하나님의 진노와 저주를 받습니다.

해 설

보다 무거운 죄

모든 죄가 극악무도한 것은 사실이다. 그러나 모든 죄가 같은 것은 아니다. 죄 가운데는 보다 악하고 무거운 죄들이 있다. 어떤 죄들은 하나님의 눈에 미워하시는 죄들이 있는데, 이들은 하나님을 대적하는 무거운 죄들이다. 하나님을 욕되게 하는 것과 우상 숭배, 불신앙, 하나님의 이름을 불경스럽게 하는 것들이 여기에 해당된다. 또한 나이와 은사와 직무와 관련해 무거운 죄들이 있다(삼하 12:14; 왕상 11:9; 고전 5:1). 하나님의 속성 및 예배와 관련된 죄는 보다 무거운 죄들이며, 하나님의 백성과 교회에 대해서 지은 죄도 무거운 죄이다(습 2:8; 마 18:6).

그리고 그 죄의 정도와 성질에 따라서 무거운 죄들이 있다. 헛된 생각도 죄이지만 참람한 말은 더욱 무거운 죄이다. 구약시대에 희생 제사를 드릴 때는 죄의 무거움에 따라 제물에 차이가 있었다. 어떤 이는 자신도 천국에 들어가지 않고, 들어가고자 하는 자도 들어가지 못하게 하는데, 이런 경우는 더욱 큰 죄이다(마 23:13). 이미 성령에 의해 양심이 깨어났는데도 그것을 무시하고 지은 죄이기 때문에, 뻔뻔스러운 가운데 짓는 죄는 보다 무거운 죄이다.

성경에서 빌라도는 그리스도께서 죄가 없으시다는 것을 알고 있었으며, 유대인들이 시기심으로 그분을 죽이려는 것을 알고도 그들에게 예수님을 내어 주었다. 그리고 자기는 이것에 대해서 잘못이 없다고 선언했다(눅 23:14). 빌라도는 분명히 사실을 알고도 죄를 지었다. 이것은 보다 무거운 죄에 해당된다. 자신의 의무를 알고도 행하지 않는 것은 무거운 죄에 해당된다.

또한 서원을 하고 행하지 않는 것도 보다 무거운 죄에 해당된다. 다른 사람의 죄를 지적하면서 본인이 같은 죄를 짓는 것도 무거운 죄이다. 왜냐하면 죄를 분명히 인식하고도 죄를 지었기 때문이다.

계속 짓는 죄는 죄를 증가시킬 뿐만 아니라 더욱 악하게 발전시키기 때문에 죄를 계속 짓는 것도 무거운 죄이다. 거룩하신 하나님을 미워하고, 불경스러운 말과 행위를 하는 것은 무거운 죄이다(사 30:11). 하나님의 은혜를 보다 크게 받고서도 감사하지 않는 것도 무거운 죄에 해당된다. 하나님의 자비와 축복을 경멸하는 행위이기 때문이다. 이스라엘 백성은 하나님의 특별한 사랑과 은혜를 받고서도 감사하지 않았으며, 결국 하나님을 가볍게 여겼다. 또한 신앙적인 모습을 하면서 죄를 짓는 것은 하나님과 사람을 속이는 죄이기 때문에 무거운 죄이다. 악한 마음을 품고 짓는 죄도 무거운 죄이다.

따라서 모든 죄를 같은 것으로 보아서는 안 되며, 보다 심각하고 더 무거운 죄가 있다는 것을 알아야 한다.

용서함이 없는 죄

성령을 훼방하는 죄의 경우 용서함이 없는 죄이다. 이는 의도적으로 그리스도의 피를 부정한 것으로 여기는 것이다. 그리고 배교의 죄도 용서함이 없다. 배교란 하나님의 은혜의 수단 아래에 있으면서 한때 은혜로운 모습을 하고 있다가 신앙고백을 저버리고 그리스도를 떠나는 것이다. 데마의 경우 사도 바울과 누가와 동역했다가 결국 세상으로 가 버리고 말았다. 그는 진리를 알고 있었지만 의도적으로 진리를 버리고 세상으로 간 자이다. 타락과 배교는 가장 무거운 죄로서, 용서함이 없다. 따라서 우리는 이러한 죄에 대해서 더욱 주의해야 한다.

하나님의 형벌

예수님은 열매 없는 무화과나무를 저주해 마르게 하셨다(마 21:19). 그리고 염소에 해당되는 사람들에게 "저주를 받은 자들아 나를 떠나 마귀와 그 사자들을 위하여 예비된 영원한 불에 들어가라"(마 25:41)라고 하며 저주하실 것이다. 하나님은 저주와 저주의 실행인 진노를 죄인들에게 퍼부으신다. 하나님의 진노는 하나님의 얼굴을 그들로부터 가리시는 것이다. 마치 압살롬이 왕의 얼굴을 보지 못해 비참한 상태에 이른 것과 같이 하나님의 은혜에 대해서 막히는 것이다. 하나님의 진노는 저항할 수 없다. 하나님의 진노는 무섭고 두려운 것이다.

'진노'라는 말은 '뜨겁다'라는 의미를 포함하고 있다. 하나님의 진노는 불과 같아서 퍼부어지면 피할 수가 없다. 하나님의 진노는 부르짖는 사자와 같이 무서운 것이다(잠 19:12). 따라서 하나님의 진노가 영혼에 퍼부어지면 그 영혼은 고통 가운데 있게 된다. 이 땅에서의 죄에 대한 하나님의 진노는 분명하다(갈 3:10). 더욱이 지옥에서의 하나님의 진노는 영원하며, 중간에 쉬지 않고 끝없이 지속되는 것이다. 눈에 눈물조차도 뜨거움에 말라서 없는 곳이다.

하나님의 진노는 하나님의 의로우심을 나타내는 것으로서, 어떤 누구도 항의하거나 거부할 수 없다. 이러한 진노는 죄에 대한 대가이다. 따라서 아무리 작은 죄라 할지라도 짓지 않도록 영적으로 주의를 기울이며, 죄와 싸워야 한다.

하나님의 의로우심

하나님이 죄인들을 정죄하시는 것은 지극히 의로우신 행위이다. 그리고 죄인들이 정죄받는 것은 마땅하고 당연한 것이다. 하나님이 죄인들의 죄에 대해서 진노를 퍼부으시는 것은 그동안 베푸신 은혜를 우습게 여기고, 회개의 기회를 남용한 죄인들에게는 지극히 합당한 것이다. 이로써 죄인들의 어리석음이 그대로 드러난다. 하나님의 진노를 피하는 길은 우리 자신을 돌아보아 죄를 짓지 않기 위해 애쓰는 것이다.

41주 구원의 수단

질문 85. 죄로 인해 부과된 하나님의 진노와 저주를 피할 수 있도록 하나님이 우리에게 요구하시는 것이 무엇입니까?

답 | 죄로 인해 부과된 하나님의 진노와 저주를 피할 수 있도록 하나님이 우리에게 요구하시는 것은 예수 그리스도께 대한 믿음과 생명에 이르는 회개입니다. 외적인 수단을 부지런히 사용함으로써 그리스도께서 구속의 유익들을 우리에게 전달해 주십니다.

해 설

하나님이 마련하신 방법

하나님은 죄를 지은 인간을 구원하기 위한 방법을 마련하셨다. 아담이 타락하자마자 그리스도를 약속하시고, 그리스도를 통해서 하나님의 진노와 저주를 피할 수 있게 하셨다. 아담은 약속되신 그리스도를 통해서 하나님과 화목할 수 있었다. 우리의 죄에 대한 하나님의 공의는 진노와 저주이지만, 하나님은 자신의 사랑에 근거해서 진노와 저주를 피할 수 있는 길을 마련하신 것이다.

하나님은 선택한 백성을 구원하시기 위해서 가장 먼저 그가 죄인이라는 사실을 알게 하신다. 그리고 죄에 대해서 하나님의 심판이 있다는 것을 깨닫게 하신다(요 16:8). 가인이 죄를 범했을 때 하나님이 그를 찾아가서 죄를 드러내시고 책망하셨을 뿐만 아니라 심판을 선언하셨다(창 4장). 이는 가인으로 하여금 죄를 깨닫게 해서 하나님께 용서를 구하게 만드시는 방법이었다. 예수님도 같은 방법을 사용하셨다. 예수님은 사마리아 여인의 죄를 드러내셨다(요 4장). 죄를 깨닫게 해 하나님의 진노와 저주를 피하는 방법을 찾게 하시려는 것이었다(사 55:1; 마 11:28; 행 2:37).

그리스도의 구속

사람은 율법을 만족시킬 수 없기 때문에 자신의 행위와 공로로 구원을 획득할 수 없다. 율법을 지키려고 하지만 지킬 수 없으며, 오히려 죄만 더욱 증가될 뿐이다(롬 7:8). 따라서 하나님 편에서는 이러한 죄인을 건지는 방법을 마련하실 수밖에 없었다. 이에 하나님은 그리스도를 마련하셨다. 그리스도께서는 인간의 몸을 입고 이 땅에 오셔서 율법에 완전하게 순종하시고 죄에 대한 형벌을 감당하심으로 구속을 획득하셨다. 그리스도께서는 구속의 유익들을 성령을 통해서(엡 2:8; 딤후 2:25) 우리에게 전달하심으로 우리가 용서함을 받고, 그리스도의 의가 우리에게 전가되어 하나님의 심판과 저주와 형벌에서 피할 수 있게 하셨다. 그리스도의 이러한 유익들은 우리의 행위와 공로로 얻는 것이 아니라 하나님이 은혜로 주시는 것이다(요 6:37; 행 17:30).

내적인 수단

하나님은 그리스도의 구속의 유익들을 얻는 방법을 정하셨다. 이것은 성령이 일하시는 방식으로, 항상 회개가 동반된 그리스도께 대한 믿음이며 내적인 수단이다. 내적인 수단은 우리가 죄인인 것을 깨닫고 구원을 갈망하는 가운데 성령이 은혜로 주시는 것이다. 자신의 어떤 행위로도 구원받을 수 없다는 것을 깨닫고, 오직 하나님의 은혜에 의해서 용서함을 구할 때 은혜로 얻는 것이다. 또한 자신의 더러움과 불의를 깨닫고, 그것을 덮고자 하는 갈망을 가지고 구할 때 은혜로 얻어지는 것이다.

하나님은 이렇게 내적인 수단을 마련하심으로써 죄를 깨달은 죄인들을 더욱 겸손하게 만드시고, 은혜의 귀중함을 깨닫게 하신다. 하나님이 마련하신 구원이 얼마나 소중하고 귀한 것인지를 알게 하시는 것이다(히 2:3).

그래서 그리스도에 대한 믿음은 그리스도 앞에 완전히 굴복되어서 구속의 유익들을 구하는 것을 의미한다. 이 믿음은 회개가 항상 동반되는데, 이미 자신의 죄에 대해서 끔찍한 것을 경험했고, 그것을 없애려고 노력했지만 스스로의 힘으로 안 된다는 것을 깨달았기 때문이다. 그래서 죄를 혐오하고 미워하는 것이 그 심령에 영적 습관으로 형성되어 있기 때문에 믿음과 항상 같이 가는 것이다.

하나님께 대한 회개와 그리스도께 대한 믿음

사도행전 20장 21절에는 "하나님께 대한 회개와 우리 주 예수 그리스도께 대한 믿음을 증언한 것이라"라는 바울의 말이 기록되어 있다. 여기서 바울은 '회개'는 하나님 아버지께 하는 것으로, '믿음'은 그리스도께 대한 것으로 말했다. 회개와 믿음에 대한 객체에 대해서 아버지와 그리스도로 나누어서 설명했다.

여기에는 복음의 정수가 담겨 있다. 하나님께 대한 회개로 묘사되어 있는 이유는 회개하기 위해서는 죄를 알아야 하며, 죄를 알기 위해서는 율법을 알아야 하기 때문이다. 율법을 알게 되면 율법의 제정자이신 하나님을 알게 되어 있는데, 죄를 깨닫는 것 자체가 하나님께 대적했다는 것을 아는 것이다. 따라서 회개를 하나님께 하는 것으로 말한 것이다. 하나님 아버지께서 아들 안에 구속의 은혜를 마련해 두셨기 때문에 죄를 깨달은 죄인은 용서와 자신의 불의를 덮을 수 있는 은혜가 아들 안에 있다는 것을 성령을 통해서 알게 된다. 그래서 그는 성령의 역사를 통해서 그리스도께 대한 믿음을 갖게 되어서 그리스도께로 나아가게 되는 것이다.

외적인 수단

회개와 믿음은 하나님이 정하신 내적인 수단들이다. 이런 내적인 수단들은 하나님이 정하신 외적인 수단들인 말씀과 기도를 부지런히 사용하는 가운데 얻는 것이다. 믿음은 오직 하나님의 말씀을 듣는 가운데 일어난다(롬 10:12-17). 회개와 믿음은 이렇게 하나님의 말씀을 듣고 생각하는 가운데 성령의 역사로 일어난다. 따라서 외적인 수단은 반드시 필요하다(행 4:12; 갈 3:22). 이것은 하나님이 정하신 수단으로, 하나님이 구원의 계획 속에 마련하신 방법이다. 따라서 하나님의 말씀을 듣지 않고, 기도를 하지 않는 가운데 구원이 일어날 가능성은 없다(물론 선택된 백성의 유아가 죽은 경우는 예외이다.『웨스트민스터 신앙고백서』10장 3항 참조).

42주 믿음

질문 86. 예수 그리스도께 대한 믿음이 무엇입니까?

답 ｜ 예수 그리스도께 대한 믿음은 구원의 은혜이며, 이를 통해 우리는 복음 안에 우리에게 제시되신 그분만을 받아들이고 의지해 구원을 얻습니다.

해 설

예수 그리스도를 믿는다는 것

예수 그리스도를 믿는다는 것은 그리스도의 의를 필요로 해서 그리스도를 붙잡는 것을 뜻한다. 따라서 그리스도를 믿기 위해서는 먼저 그리스도께서 자기에게 왜 필요한지를 깨달아야 한다(막 2:17). 즉 자신의 죄를 깨달아야 하는 것이다. 죄에 대한 하나님의 심판이 있음을 알고, 심판을 피하기 위해 그리스도를 필요로 하는 것이다. 즉 죄를 속하기 위해서 그리스도께 나아가는 것이다. 자신에게 의로움이 없다는 것을 인정하고, 불의를 덮기 위해 그리스도의 의를 필요로 하는 것이다. 물론 자신의 행위로 스스로를 구원할 수 없다는 것을 철저히 깨달아야 한다. 그래서 오직 하나님이 마련하신 수단인 그리스도만을 필요로 하는 것이다.

따라서 그리스도께 대한 믿음은 즉흥적이거나, 흥분하고 감정이 고조되어 일어나는 것이 결코 아니다. 그리스도의 필요성을 먼저 알아야 하기 때문에 하나님의 말씀을 듣고, 묵상을 통해서 자신의 영적 상태를 철저히 깨닫는 것이 먼저 있어야 한다. 따라서 구원의 믿음은 반드시 자신이 죄인이라는 것과 함께 그리스도와 그리스도의 유익에 대한 지식이 동반되어야 한다. 그리고 구원의 믿음은 통회하는 심령 속에 살아 역사한다.

믿음의 발생

믿음의 발생이란 하나님이 선택한 백성의 영혼 안에 믿음을 일으키시는 것이다. 하나님의 말씀을 듣는 가운데(롬 10:8) 영적인 이해력을 주셔서(엡 1:18) 그리스도의 필요성을 알게 하시는 것이다.

이것은 성령이 영혼을 중생시키셔서 마음에 각성이 일어나고, 의지가 갱신되어서 그리스도를 붙잡게 하시는 것이다(요 1:12-13). 아무에게나 이러한 은혜를 주시는 것이 아니라 하나님이 선택한 백성에게만 주시기 때문에 이는 귀하고 보배로운 믿음이다(살후 2:13; 벧전 1:2). 그래서 구원의 믿음을 가지는 자는 먼저 구원에 대한 갈망이 크게 일어나게 된다. 구원의 믿음을 은혜라고 하는 이유는 하나님이 자격 없는 자들에게 선물로 주시기 때문이다(빌 1:29).

오직 그리스도께만 안주하는 것

예수 그리스도께 대한 믿음은 그리스도에 대한 교리를 아는 것만이 아니라 그리스도를 절대적으로 의존하는 것이다(엡 1:13; 행 10:43, 16:31, 26:18; 갈 3:26; 딤후 3:15). 그리스도에 대한 필요성을 절대적으로 깨닫고, 그리스도 안에 있는 유익들의 소중함을 알고 있기 때문에 오직 그리스도께만 안주하는 것이다(사 30:15; 마 12:21). 이미 자신의 어떠한 행위로도 자신을 의롭게 하거나 구원할 수 없다는 것을 철저히 알고 있는 상태이기 때문에 그리스도께만 의지하는 것이다. 이미 자신에 대해서 완전히 포기한 상태이기 때문에 그리스도만을 의지하는 것이다.

이는 성령이 우리 자신의 행위와 의로움에 대해서 포기하도록 우리를 낮추셨기 때문에 가능한 것이다. 그렇지 않다면 인간의 부패성으로 인해 여전히 자신의 행위로 의로워지려고 애쓸 것이며, 그리스도께로 나아오지 않을 것이다.

복음 안에 제시된 것이다

복음 안에 우리에게 그리스도께서 제시되었기 때문에 우리는 그리스도를 받아들인다(요 1:12; 골 2:6). 이것은 불 뱀에 물려 죽어 가는 자들에게 모세를 통해 놋 뱀을 바라보는 구원의 방법을 제시하신 것과 같다. 그래서 하나님이 정하시고 마련하신 수단을 받아들이는 자들은 구원을 얻는 것이며, 거절하는 자들은 망하는 것이다. 그 돌을 받아들이는 자에게는 모퉁잇돌이 되지만 거부하는 자에게는 거치는 돌이 되어서 넘어지게 하는 것이다(벧전 2:7).

복음은 그리스도의 죽음과 부활, 그리고 승천을 말하고 있는데, 이는 그리스도의 필요성을 증거하는 것이며, 복음을 온전히 깨닫게 되면 그리스도의 아름다움과 영광을 보게 된다. 그래서 그리스도를 받아들인다는 것은 그리스도의 의를 자신에게 적용하는 것이다(갈 2:20).

구원의 복음은 모든 사람에게 제시되는 것이다

구원의 복음은 모든 민족과 모든 사람에게 제시되는 것이다. 이것은 제한 없이 증거된다(막 16:16). 구원은 하나님이 자신의 주권으로 거저 주시는 은혜이다(엡 2:5; 딛 3:5). 복음은 모든 곳의 모든 사람에게 회개할 것과 믿을 것을 요구한다(마 11:28).

이렇게 복음의 초청은 우주적이지만 구원의 약속은 오직 믿는 자에게만 적용된다(롬 10:9). 복음은 모든 사람이 믿을 것이라고 말하지 않는다. 더욱이 이 믿음은 하나님의 선물로서, 은혜의 수단 아래에서 성령의 유효한 역사로 선택된 자에게 주어진다(엡 2:8; 빌 1:29; 요 6:45).

구원의 믿음이 아닌 것

하나님의 계시나 교리에 동의하는 수준에 머무는 역사적인 믿음은 구원의 믿음이 아니다(약 2:19). 이것 위에 반드시 성령의 유효한 역사가 있어야 한다. 또한 일시적인 믿음이 있다. 이는 단지 감정에만 영향을 받은 것이며, 그 심령에 변화가 일어난 것이 아니다(마 13:20-21). 이러한 믿음은 피상적이어서 결국 일시적인 현상으로 끝나고 만다. 그래서 구원받는 믿음이 아니다. 아울러 기적의 믿음이 있는데(막 16:17-18), 이는 은사적 믿음으로서 그 자체로 구원의 믿음은 아니다.

진정한 구원의 믿음과 거짓 믿음은 구별해야 하는데, 입술의 고백으로는 분별하기가 어렵다. 그래서 반드시 그 심령과 삶에 진정한 효과가 있는지를 살펴야 한다. 더욱이 성경이 우리 스스로의 구원을 점검하라고 명령하기 때문에 자신의 구원을 점검해야 한다(고후 13:5).

43주 생명에 이르는 회개

질문 87. 생명에 이르는 회개가 무엇입니까?

답 | 생명에 이르는 회개는 구원의 은혜이며, 이를 통해 죄인이 자신의 죄를 철저히 깨닫고, 그리스도 안에 있는 하나님의 자비를 이해해 자신의 죄에 대해서 슬퍼하고 미워해 그 죄에서 떠나 하나님께로 돌아서서 새로운 순종을 최고의 목적으로 삼고 노력하는 것입니다.

해 설

구원의 은혜

회개는 순수한 구원의 은혜이다. 회개는 인간의 의지와 능력으로 할 수 있는 것이 아니라 하나님의 은혜가 있어야 가능한 것이다. 그런데 성경은 우리에게 회개하라고 명령한다. 따라서 회개는 하나님께 은혜를 구해서 그 은혜로 할 수 있는 것이다. 구원의 회개는 그리스도께서 십자가에서 피 흘리시는 것이 자신의 눈앞에 보여야 할 수 있다. 전적으로 성령이 영적인 눈을 열어 주어야 할 수 있는 것이다(엡 1:18). 회개는 하나님의 선물이다(슥 12:10; 행 5:31, 11:18; 딤후 2:25). 따라서 회개가 있어야 구원이 있다. 회개가 없다면 구원도 없다(눅 13:3).

회개의 종류

회개에는 생명에 이르는 참 회개가 있는 반면에 거짓 회개들도 있다. 거짓 회개 중에는 자신의 복합적인 감정으로 슬퍼하는 경우가 있다. 이는 자신의 죄에 대한 분명한 인식에서 나온 것이 아니기 때문에 회개라고 말할 수 없다.

또한 율법적 회개가 있다. 율법에 의해서 자신의 죄를 깨닫고, 하나님의 심판을 두려워하는 상태에 머무는 것이다. 이것은 죄를 고백하지만 죄에서 떠나지 않은 상태이다.

출애굽 당시의 바로가 그러했다. 그는 하나님의 심판이 두려워 죄를 고백했다. 그러나 우박 심판이 지나가자 다시 죄를 지었다(출 9:27, 34). 가룟 유다는 자신의 죄를 알고 후회했지만 죄에 대해서 통회하거나 하나님께 용서를 구하러 나오지 않았다(마 27:3). 벨릭스 총독은 믿음의 도에 대해서 알고 있었고 바울의 설교를 통해서 죄에 대한 각성이 있었지만 회개하지 않았다(행 24:23-26). 이렇게 율법적 회개는 자신의 죄에 대해서 아픔을 느끼지만 단지 마음의 괴로움에 불과하고, 자신이 하나님께 반역한 것에 대해 진정한 슬픔이 없는 것이다.

자신이 병들거나 어려운 상태에서 그 무거움으로 슬퍼하는 경우도 거짓 회개이다. 아합 왕은 자신의 옷을 찢고 재를 뒤집어썼지만 자신의 마음을 찢지는 않았다. 그의 눈에서는 눈물이 흘러내렸지만 그의 마음은 전혀 변화가 없었다(왕상 21:27).

자신의 죄를 분명히 알지만 죄에서 돌아서지 않는 것도 거짓 회개이다. 헤롯 왕은 세례 요한이 죄에 대해 책망한 말을 달게 받았다. 자신의 죄를 인정했던 것이다. 그러나 그는 자신의 죄에서 결코 돌아서지 않았으며, 결국에는 세례 요한을 죽이고 말았다(막 6:20, 26-27).

거짓 회개의 또 하나의 종류는 일반적인 죄에서는 돌아섰지만 자신의 구체적인 죄로부터는 돌아서지 않는 경우이다. 이것은 '절반 회개'라고도 부르는데, 거짓 회개이다(호 7:8).

생명에 이르는 회개

생명에 이르는 회개는 거짓 회개와 구별되는 뚜렷한 요소들을 가지고 있다. 먼저, 자신의 죄를 철저히 깨닫고 그 심령이 낮아진다. 자신의 죄를 깨닫는 것은 자신의 죄가 하나님을 대적한 것이라는 사실을 분명히 아는 것이다(시 51:4). 그 죄가 하나님의 저주를 받기에 합당하다는 것을 아는 것이다(겔 18:30-32). 그 죄가 자신을 온통 더럽혔으며(겔 16:61-63), 그 죄가 자신을 주장한다는 것을 깨닫는 것이다(롬 7:14).

이렇게 자신의 죄를 깨달으면서 할례 받지 않은 심령에 칼을 그어서 그 심령이 낮아진다. 이때 칼에 베인 마음은 마치 바위가 산산조각 나듯이 통회하는 심령을 가지게 된다. 따라서 그 심령이 녹아지면서 하나님이 마련하신 은혜를 받을 수 있는 상태가 된다. 결국 이것으로 심령의 변화가 일어나는 것이다. 그리고 나서 그리스도 안에 있는 하나님의 자비를 깨닫는 것이다. 자신의 죄로 인해 낮아진 죄인은 하나님의 용서의 은혜를 찾고 구하게 되어 있다. 하나님으로부터 용서를 받지 못하면 자신의 죄에 대해서 하나님의 엄중한 심판이 있다는 것을 알고 있기 때문이다.

이렇게 하나님의 은혜를 구할 때 성령을 통해 그리스도 안에 하나님이 죄의 용서를 마련하신 것을 알게 된다. 그래서 죄인은 그리스도 안에 있는 하나님의 자비를 깨닫게 되고(롬 3:26), 그리스도께 가는 것이다. 진정한 회개는 진정한 믿음과 연결되어 있다.

진정한 회개에는 자신의 죄에 대해서 슬퍼하고 미워하는 것이 있다(시 38:18). 자신의 죄가 끔찍하다는 것을 알고 체험했기 때문에 죄를 미워하는 성향이 형성되는 것이다. 이것은 성령의 역사로 인한 것이며, 심령의 변화가 일어났다는 증거이기도 하다(슥 12:10). 그래서 더 이상 죄 가운데 거하지 않으며, 죄에서 분명히 떠나게 된다(욥 42:5-6; 겔 36:31). 죄인은 죄에서 떠나 하나님께로 간다. 그것이 죄를 벗어 버렸다는 증거이다(고후 7:11; 겔 14:6; 롬 6:1-2). 더 이상 죄 가운데 살지 않고, 하나님께 대해 살기 위해서 분명하게 돌아선 증거이다. 이렇게 죄인은 하나님께로 돌아가면서 자신의 죄에 대해서 겸손히 고백한다(요일 1:9). 그리고 자신이 얼마나 잘못 살아왔는지를 인정한다(마 5:23-24).

이제 죄에서 돌아서서 하나님께로 돌아간 죄인은 하나님께 순종하는 것을 최고의 목적으로 삼고 새로운 순종의 삶을 살기 위해 노력한다. 이것을 '복음의 순종'이라고 부른다. 이러한 순종이 필요한 이유는 아직도 우리 심령에 부패성이 남아 있고, 육신은 여전히 죄 가운데 거하려고 하기 때문이다. 그래서 하나님께 순종하기 위해 노력하며, 죄를 짓지 않기 위해서 애를 쓰는 것이다. 물론 이것은 우리 자신의 능력으로 되는 것이 아니기 때문에 더욱 하나님의 은혜에 의지하게 된다(히 2:18, 4:15-16). 그 순종은 부분적인 순종이 아니라 하나님의 뜻 전체에 순종하는 것이다(시 119:128). 하나님께 대한 사랑은 나 자신을 위한 것이 아니다(요 14:15). 이 순종은 구원을 위한 순종이 아니라 구원받은 자가 감사로 드리는 순종이다(딤전 4:8-10).

44주 은혜의 외적인 수단

질문 88. 그리스도께서 우리에게 구속의 유익들을 전달하기 위해 마련하신 외적인 수단이 무엇입니까?

답 | 그리스도께서 우리에게 구속의 유익들을 전달하기 위해 마련하신 외적인 수단은 그분의 규례들인데, 특별히 말씀과 성례와 기도입니다. 이 수단은 모두 선택된 자의 구원을 위해 효과를 나타냅니다.

해 설

외적인 수단

표적과 기사와 기적과 하늘로부터 오는 음성, 꿈, 환상, 특별한 하나님의 섭리 등을 외적인 수단이라고 한다. 그러나 이러한 것들은 전달된 메시지를 주목하게 하고 확증하는 것이지, 그 자체가 통상적인 구원의 수단은 아니다. 외적인 수단은 말씀과 같이 있을 때 보조적이며 2차적인 것이 된다. 유대인들은 표적을 구했는데(고전 1:22), 표적이 그들에게 구원이 일어나게 하는 수단이 되는 것은 아니다. 믿기 위해서 이러한 표적을 구하는 것은 오히려 불신앙의 증거가 된다.

하나님은 우리에게 구원이 일어나게 하는 수단을 정하셨다. 하나님은 이러한 외적인 수단을 통해서 그리스도를 계시하시고, 우리에게 그 수단을 가지고 그리스도를 찾으라고 명령하고 계신다(히 13:20-21). 외적인 수단은 그리스도께서 죄인들에게 구속의 유익들을 전달하시는 도구가 된다(엡 1:14). 외적인 수단이라고 하는 이유는 내적인 수단과 구별하기 위한 것으로서, 내적인 수단은 성령의 유효한 역사로 인한 회개와 믿음이다(히 4:2).

규례들

규례들이란 특정한 목적을 이루기 위해 정해진 것들이다. 신앙적인 규례들은 하나님의 작정과 모두에게 부과된 의무이다. 이것은 사람이 바꿀 수 있는 것이 아니다. 구원이 일어나게 하는 규례들은 사람이 만들어 낼 수 없고, 오직 하나님이 정하신 것이다. 규례들은 말씀과 성례, 기도이다. 이것들을 '은혜의 수단'이라고 부르는데, 하나님이 은혜를 베푸시는 방식이며, 우리가 하나님의 은혜를 받는 방법이다.

오직 하나님이 이 방법을 정하셨기 때문에 우리는 은혜의 수단에 먼저 굴복되어야 한다. 하나님이 정하신 방법이 어리석어 보일지라도 겸손해진 심령은 그 수단의 탁월성을 알게 되어 있으며, 그래서 그 수단 아래로 자신을 가져다 놓는다(고전 1:21).

오늘날 인간적인 예배와 방식들이 유행하고 있는데, 이러한 것들은 하나님이 정하신 방법에서 벗어났기 때문에 이를 통해서는 구원이 일어날 수 없다. 인간적인 방법들과 설득을 사용해서 죄인들을 감화할 수는 없다(고전 2:4). 오늘날 하나님이 정하신 방법이 오래되고 이 시대에 맞지 않는다고 해서 사람들이 만들어 놓은 방법들이 많이 사용되고 있는데, 불신앙의 극치이다. 이러한 방법들은 구원이 일어나지 못하게 하는 것이며, 구원에 대해서 효과가 없는 것들이다.

말씀, 성례, 기도

하나님이 정하신 구원의 수단은 말씀, 성례, 기도이다. 이것들을 통해서 하나님이 구원의 은혜를 베풀어 주신다. 이 방식 외에 다른 것은 없다(롬 10:17). 이러한 수단 위에 성령이 역사하셔서 실제로 구원이 일어나는 것이다. 따라서 성령이 역사하시는 통로로 이러한 수단을 사용하는 것이다. 말씀, 성례, 기도는 하나님과 사람 사이에 소통하는 수단이다. 이 수단은 서로 연결되어 있고, 분리될 수 없다. 그래서 모든 수단이 사용되어야 한다.

말씀에는 구원을 위한 하나님의 뜻이 계시되어 있다. 그래서 말씀을 읽고, 설교를 들어야 한다(요 20:31; 벧전 1:23; 요 5:39). 성례에서 이것을 예증하고 확증한다. 성례는 회심의 도구가 아니라 믿음을 확증하는 수단이다. 기도는 특별한 구원의 수단이다. 성령의 역사로 죄인임을 깨달은 자는 기도로 하나님께 용서를 구하고, 기도 가운데 성령의 역사로 용서함을 체험하며, 양자 됨을 깨달아서 하나님을 "아빠 아버지"라고 부른다. 그래서 우리는 기도 가운데 그리스도와 구원을 구하고 받는 것이다.

구하는 자에게 성령을 주신다는 말씀이 바로 이것을 의미한다(눅 11:13).

선택된 자에게 효과가 나타남

은혜의 수단은 특별히 선택된 자에게만 유효한 것이다. 선택되지 않은 자들도 은혜의 수단 아래에 있지만 그들에게는 이러한 수단이 유효하지 않다. 예수님이 비유로 말씀하셨을 때 선택되지 않은 자들은 그 의미를 전혀 깨닫지도 못하고, 알 수도 없었다. 그러나 예수님의 제자들은 예수님이 그 의미를 별도로 설명해 주심으로 구원의 의미를 깨달을 수 있었다(마 13:10-11, 23).

따라서 은혜의 수단을 사용하면서 그것을 통해 나타나는 효과로 그 사람이 선택된 백성인지를 확인할 수 있다(행 13:48). 은혜의 수단 아래에서 거룩함을 추구하는 성향이 나타났다면 그는 분명히 선택된 백성이다(롬 8:28-32). 선택된 자에게 은혜의 수단 아래에서 구원의 효과가 분명하게 나타난다면 그 영혼이 그리스도를 붙잡고, 그리스도 안에 있다는 것이다(엡 1:22-23).

45주 말씀

질문 89. 하나님의 말씀이 어떻게 구원을 유효하게 합니까?

답 | 하나님의 성령이 하나님의 말씀을 읽는 것과, 특별히 설교를 유효한 수단으로 사용하셔서 죄인들을 책망해 회심시키시며, 또 그들을 거룩함과 위로로 세워 믿음으로 말미암아 구원에 이르게 하십니다.

질문 90. 하나님의 말씀을 어떻게 읽고 들어야 구원에 유효하게 됩니까?

답 | 하나님의 말씀이 구원에 유효하게 되기 위해서는 우리가 부지런함과 마음의 준비와 기도로써 말씀에 집중하며, 믿음과 사랑으로 그 말씀을 받아 우리의 심령에 쌓아 두고 삶 속에서 실행해야 합니다.

> 해 설

성령의 유효한 역사

성령의 유효한 역사는 우리에게 구원이 실제로 일어나게 하는 것이다. 성령이 중생의 역사를 영혼 위에 일어나게 하셔서 결국 회심하게 하시는 것이다. 성령은 성령의 유효한 역사로 인해 죄를 책망하시고, 그 죄에 대해서 하나님의 심판이 있음을 깨닫게 하신다(요 16:8). 그래서 영혼으로 하여금 하나님의 용서의 은혜를 구하게 하신다. 이렇게 성령이 그 영혼 위에 일하심으로 영혼은 죄를 미워하고, 죄에서 떠나게 되는데, 이것을 '죄를 씻는 것'이라고 한다(딛 3:5). 그리고 거룩한 성질이 심령에 새겨져서 '거룩한 가운데 세워지는 것'이라고 한다(고전 6:11).

물론 성령이 그리스도의 비밀을 알게 하셔서 그리스도만이 하나님이 죄인을 받아 주시는 수단이라는 것을 깨닫게 하신다. 그래서 그리스도를 향해 달려가게 만드시는데, 이것이 곧 믿음이다(요 3:14-15). 믿음으로 그리스도를 붙잡으면 죄에 대해서 용서함을 받게 되고, 이것은 그 영혼에게 말할 수 없는 위로를 준다. 이렇게 죄를 깨닫고 그리스도의 소중성을 알게 해 그리스도께로 나아가는 전 과정을 성령이 하시는데, 이것을 '성령의 유효한 역사'라고 한다.

정해진 수단

성령의 유효한 역사가 일어나게 하는 정해진 수단이 있다. 하나님의 말씀을 읽는 것과, 특별히 설교를 듣는 가운데 성령의 유효한 역사가 일어나도록 하나님이 정해 놓으셨다. 성령이 말씀을 읽고 듣는 가운데 영혼에 영적 각성이 일어나게 하셔서 자신의 죄를 보게 하시고, 그리스도의 구속의 은혜를 깨닫게 하신다. 그래서 그리스도를 향해 달려가게 하신다(요 5:39; 행 16:14). 성령의 역사에 의해 말씀은 하나님의 거룩하심을 드러내며, 죄의 더러움을 보게 한다(마 5:48). 그래서 죄에 대해서 슬퍼하고, 죄를 미워하게 해 죄로부터 돌아서서 하나님께로 가도록 만든다. 이때 벌써 새로운 순종이 일어난다(요 17:17, 19; 벧전 1:22).

이는 말씀 자체에 능력이 있는 것이 아니라 성령이 하나님의 말씀을 주권적으로 사용하시는 것이다(고전 1:24-31). 이것은 하나님이 정하신 방법이다. 회개와 믿음이 말씀을 듣고 읽는 가운데 성령의 역사로 일어나는 것이다. 다른 환상적인 방법과 수단을 통해서는 회개와 믿음을 가질 수 없다. 따라서 인간의 기술에 의존하는 집회와 수단을 통해 회개와 믿음을 얻고자 해서는 안 된다. 오직 하나님의 말씀을 듣고 읽는 가운데 하나님의 능력에 의해 회개와 믿음을 가져야 하는 것이다(롬 1:16). 결국 하나님의 말씀을 이해하지 못하거나, 말씀에 걸려 넘어지거나, 말씀을 버리는 자는 구원이 없는 것이다(마 13:19-22).

오용된 수단들

사탄은 하나님의 말씀을 오용해서 유혹한다(마 4:6; 고후 2:17). 하나님의 말씀을 뒤틀어서 이야기하는 거짓 선지자들이 사람들로 잘못된 것을 믿게 한다. 이것은 사람들을 진리에 대해서 무지하게 만들어 결국 구원이 일어나지 못하게 하는 전형적인 사탄의 공격 방법이다. 오류와 이단은 진리를 뒤틀고 왜곡해 사람들을 속인다. 이러한 것에는 성령이 역사하시지 않는다. 오직 미혹의 영인 사탄이 역사한다(요일 4:6). 따라서 진리에 서 있는 자들은 이러한 오류와 잘못된 가르침에 대항해 싸우게 된다(요일 4:4; 롬 16:25-26; 엡 4:14).

말씀을 읽고 듣는 방법

우선 하나님의 말씀을 개인적으로 연구해야 한다(요 5:39; 행 17:11). 그리고 체계적으로 성경을 연구해야 한다(계 1:3; 사 34:16). 또한 부지런히 읽어야 한다(딤후 4:2). 그리고 공적 예배 가운데 교회로부터 공인을 받은 사역자의 설교를 들어야 한다(엡 4:11-12; 딤후 2:2). 그 말씀은 단순하고 평이하게 강론되어야 한다(고전 2:4, 14:9).

말씀이 외쳐질 때 성령이 그 말씀을 효과 있게 하시는 이유는 하나님이 선택하신 방법이기 때문이다(고전 1:21). 이렇게 성령이 역사하시는 가운데 듣는 이들이 서로에게 영향을 줄 수 있다(히 3:12-13). 따라서 교회의 모든 예배에 정기적으로 참석해 말씀을 읽고 들어야 한다(히 10:25). 그리고 설교를 위해서 기도로 준비해야 한다(행 1:14).

한편으로 믿음으로 말씀을 받아야 한다. 그 말씀을 구원에 필요한 말씀으로 받을 뿐만 아니라 그 말씀이 개인에게 직접 전달되는 것과 같이 받아야 한다(애 3:25; 시 119:20). 말씀은 사랑으로 받아야 한다(살후 2:10). 그래서 말씀을 우리 자신의 심령에 쌓아 두며(시 119:11; 히 2:1), 그것을 묵상하고(시 1:2), 우리의 삶 속에서 실행해야 한다. 그리고 진리에 순종해야 한다(약 1:21-22).

46주 구원의 수단으로서의 성례

질문 91. 성례가 어떻게 구원의 유효한 수단이 됩니까?

답 | 성례가 구원의 유효한 수단이 되는 것은 성례 자체나 성례를 집행하는 자의 덕에 의해서가 아닙니다. 다만 그리스도의 축복하심과 성례를 믿음으로 받아들이는 자들 안에서 성령이 역사하심으로 되는 것입니다.

질문 92. 성례가 무엇입니까?

답 | 성례는 그리스도께서 제정하신 거룩한 예식입니다. 이 예식 가운데 그리스도와 새 언약의 유익들이 눈에 보이는 표시로 신자들에게 나타나고, 보증되며, 적용됩니다.

> 해 설

성례 자체가 효력이 있는 것이 아니다

성례 자체가 능력이나 효력이 있어서 사람들을 구원하는 것이 아니다. 성경을 보면 그리스도를 부정했던 자들이 주님께 나와서 "우리는 주 앞에서 먹고 마셨으며"(눅 13:26)라고 말했다. 그러면 그들이 구원을 받았는가? 그렇지 않다. 성례에 물리적으로 참여하는 것은 아무런 효력이 없다. 유대인들은 할례를 받았지만 율법을 어기는 자들이었다. 할례가 그들에게는 어떤 효력이나 유용성이 없었다(롬 2:25). 오히려 그들은 마음에 할례를 받아야 하는 자들이었다(롬 2:29).

더욱이 성례를 집행하는 자에 의해서 효력이 있는 것도 아니다. 바울이나 아볼로는 아무것도 아니며, 오직 도구에 불과했다(고전 3:5). 빌립 집사가 시몬에게 세례를 베풀었지만 그에게는 어떤 효력도 없었다(행 8:13, 23).

성례의 효력은 그리스도의 축복하심에 달려 있다

성례의 효력은 그리스도의 축복하심에 달려 있다. 주님은 "내가 세상 끝 날까지 너희와 항상 함께 있으리라"(마 28:20)라고 제자들에게 약속하셨다. 그리고 성례는 성령의 역사하심에 달려 있다. 성령이 그 영혼을 깨우치셔야 한다(요 6:63).

성례는 그것을 믿음으로 받아들이는 자에게만 효력이 있다(막 16:16). 구원의 믿음을 가지고 있으며, 자신의 죄가 용서받았음을 확신하고, 그리스도의 피가 자신의 죄를 씻은 것을 깨달은 영혼은 성례가 얼마나 소중한지를 알게 되어 있다. 그래서 세례 받기를 갈망하게 된다.

거룩한 예식

성례는 반드시 거룩이 동반되는 거룩한 예식이다. 성례는 하나님이 구별해 놓으신 것이다. 하나님은 여호와의 기구를 만지는 자들에게 먼저 정결한 의식을 치르게 하셨다(사 52:11). 성전에서 일하는 자들은 자신을 깨끗이 해 거룩한 것으로 드리게 되어 있다(고전 9:13). 성례는 그리스도께서 제정하신 것이므로(마 28:19; 고전 11:23), 주께서 직접 표식으로 우리에게 주신 것이다(사 7:14). 사람이 성례를 정할 수 없다. 여로보암은 자신이 마음대로 의식들을 정했다. 이로 인해 이스라엘은 우상을 섬기는 죄에 빠지게 되었다(왕상 12:33).

외적으로 눈에 보이는 표시

성례는 외적으로 눈에 보이는 표시이다. 표시는 은혜를 나타낸다(요 6:56; 행 22:16). 이것은 피의 언약을 보게 한다(출 24:8). 외적으로 보이는 것을 통해 내적인 것을 알려 주는 것이다. 그리스도께서는 분명히 십자가에 못 박히셨으며, 피를 흘리셨다(갈 3:1). 그래서 성례를 통해서 우리는 기억을 새롭게 한다. 이것은 여호수아가 돌을 세워 모든 사람으로 기억하게 한 것과 같다(수 4:7).

성례는 우리의 심령을 뒤흔들어 그리스도를 보게 한다(슥 12:10). 새 언약의 유익들을 눈으로 보게 해주는 것이다. 이 유익들은 오직 믿음이 있는 자에게만 적용된다. 이것은 세대를 이어서 전달되어야 한다. 그래서 자녀들이 물을 때 그 의미를 대답해 주어야 한다(출 12:26).

보증과 적용

성례는 믿음에 의한 의로움을 보증한다(롬 4:11). 그래서 우리의 믿음을 격려하고, 순종을 도전한다. 그리스도와 함께 장사되고, 그리스도와 함께 부활된 것을 분명히 보여 주기 때문에 더 이상 죄 가운데 살지 않고, 하나님에 대해 살게 한다(롬 6:6). 이는 그리스도께서 성례를 통해서 우리에게 적용되셨다는 것이다. 그리스도께 세례를 받은 자는 그리스도로 옷 입은 것이다(갈 3:27). 새 언약의 유익들이 우리에게 적용됨으로 하나님이 우리의 하나님이신 것과 우리가 하나님의 자녀 된 것을 확신하게 된다(창 17:7).

47주 신약의 성례와 세례

질문 93. 신약의 성례가 무엇입니까?

답 | 신약의 성례는 세례와 주의 성찬입니다.

질문 94. 세례가 무엇입니까?

답 | 세례는 성례이며, 이 예식에서 성부와 성자와 성령의 이름으로 물로 씻는 것은 우리가 그리스도께 접붙임 되어 은혜 언약의 모든 유익에 참여하고 주님의 소유가 되었음을 의미하고 확증하는 것입니다.

질문 95. 세례는 어떤 사람에게 베풉니까?

답 | 세례는 유형 교회 밖에 있는 사람들에게 베풀지 않으며, 그리스도를

믿고 그분께 순종하겠다는 고백을 할 때 비로소 베풀게 됩니다. 그러나 유형 교회의 회원의 유아들은 세례를 받을 수 있습니다.

해 설

구약의 성례

구약에는 여러 성례가 있었다. 아직 죄가 세상에 들어오기 전에 에덴동산에 생명나무와 선악을 알게 하는 나무가 있었다(창 2:9). 이 나무들은 하나님의 은혜와 명령을 생각나게 하는 것들이었다. 생명나무를 보고 그 열매를 먹으면서 영원한 생명 가운데 있는 것을 깨닫게 되었다. 하나님 앞에 순종하는 한 생명나무의 열매는 언제든지 먹을 수 있는 것이었다. 한편으로 선악과를 보면서 하나님이 주신 계명을 생각하게 되었다. 순종하도록 도전을 주는 것이었다. 따라서 이것들은 성례에 해당된다.

신약의 성례와 더욱 가깝게 일치하는 구약의 성례는 할례와 유월절이다. 구약의 할례는 옛 사람을 잘라 버린다는 의미를 가지고 있었다. 이제 언약 백성이 되었으며, 더는 옛 사람 가운데 살지 않고 새사람으로 살아가는 것을 의미했다(갈 3:27, 29; 골 2:11-12). 유월절의 희생 제사는 반드시 죄를 속해야 한다는 것과 그리스도께서 죄에 대한 하나님의 심판을 넘어갈 수 있게 해주신다는 것을 보여 주었다(마 26:26-29; 고전 5:7).

성례가 증거하는 것

그리스도께서 희생 제물이 되어 온전한 제사를 드리심으로 의식이 더 이상 유효하지 않게 되었다. 이제 복음이 증거된다. 그래서 은혜의 언약의 표를 다른 형태로 취하게 되었다. 구원의 계획은 하나이기 때문에 그 내용이나 목적은 달라지지 않았다. 구약의 할례와 유월절, 그리고 신약의 세례와 성찬은 믿음으로 된 의를 보증하는 것이다(롬 4:11). 이 성례는 모두 영적인 변화의 중요성을 증거하는 것이다(신 10:16, 30:6; 요 3:5; 고전 5:7-8). 이 성례에 참여하는 자는 반드시 그리스도께 대한 믿음이 있어야 한다.

신약의 성례

신약의 성례인 세례와 성찬은 구약의 성례와 형태가 다르다. 구약에서 피를 뿌렸던 것은 이제 그리스도의 희생으로써 그 피의 효과를 보여 주었다. 그래서 우리는 그리스도의 속죄의 제사로 성취된 것을 성례로써 기억하는 것이다. 할례나 유월절 모두 피가 있었다. 그리스도께서 직접 흘리신 피의 효력을 신약에서는 성례로 보여 주는 것이다. 그래서 신약의 성례는 우리가 영원한 생명을 볼 수 있게 해준다.

물로 베푸는 세례

세례에 정해진 요소는 물이다. 성경에서 물은 능력을 의미하기도 하며(시 42:7), 풍성함과 거저 주는 것(시 65:9; 사 55:1), 그리고 생명(사 44:3)을 뜻한다. 물에 참여한다는 것은 새롭게 한다는 것을 말한다(마 10:42; 계 21:6). 그러나 물을 사람에게 적용할 때는 언제나 깨끗하게 하는 의미를 가지고 있다. 몸을 씻는 것, 의식에서 정결하게 하는 것으로, 영적으로 청결하게 하는 것이다(행 22:16; 계 1:5). 따라서 신자에게 적용할 때에는 성령에 의해 중생, 혹은 거룩하게 되는 것을 나타낸다(요 3:5; 롬 6:4; 딛 3:5).

세례를 받고자 하는 자는 반드시 영적 변화의 필요성에 대해서 고백해야 하며, 그리스도께서 보호해 주시는 것에 대한 갈망과 그분의 은혜로운 약속에 대한 믿음이 있어야 한다.

세례가 보여 주는 것은 죄로부터 정결하게 하는 그리스도의 구속의 효과이다. 유대인들은 개인적으로 자신의 손과 발에 물을 부어 씻었다(왕하 3:11). 모든 정결 의식에는 물을 부었다(히 9:13; 출 30:18-19). 이것은 거룩하게 하는 것, 혹은 중생을 나타낸다(겔 36:25-27; 요일 1:7).

삼위의 이름

세례는 삼위 하나님의 각 위와의 연합을 나타낸다. 성경은 이스라엘이 홍해를 건넌 것을 모세에게 속하는 세례를 받은 것으로 말한다(고전 10:2). 세례 요한의 세례는 요한의 제자가 되는 것이다(요 4:1). 세례 요한의 제자들은 그리스도인이 되기 위해서 다시 세례를 받고자 했다(행 19:3-5). 고린도 교회는 바울, 게바, 아볼로에게 속하는 세례로 이해했다(고전 1:12-16).

그리스도인의 세례는 삼위 하나님의 이름으로 받는 것이다. 하나님이 우리의 아버지이시며, 그리스도께서 우리의 구주이시고, 성령은 우리를 거룩하게 하시는 분이심을 믿고 받는 것이다.

그리스도께 접붙임

세례는 그리스도께 접붙임 되는 것을 나타낸다. 우리는 그리스도와 연합되어 생명을 받는 것이다(요 15:5; 롬 11:17). 성령은 은혜 언약의 모든 유익을 우리에게 전달해 주신다(행 2:38-39). 세례는 그리스도에 의해 구원받은 자들이 그리스도께 연합되었다는 것을 증거해 준다(고전 12:13-

26). 그래서 세례를 '교회에 가입되는 의식'이라고 부른다. 이제 공개적으로 언약 안에 있다는 것을 보여 주는 것이다. 그리스도와의 연합은 주님의 소유가 되었다는 것을 의미한다. 그래서 이제 그리스도를 위해 살아야 하며(빌 1:21), 그리스도의 뜻을 행해야 하고, 그분의 성도들을 사랑해야 한다(고전 12:13).

신앙고백

세례를 받기 위해서는 신앙고백과 순종의 증거가 있어야 한다(행 8:36). 따라서 세례 후보자는 반드시 자신이 진리를 이해하고 있으며, 그것에 따라 산다는 것을 보여 주어야 한다. 신앙고백에 있어서는 삼위 하나님에 대해서, 특별히 구속 사역에 대해서 설명할 수 있어야 하며, 중생의 필요성을 말해야 하고, 구원의 효과를 설명할 수 있어야 한다. 그리고 하나님 아버지에 의해 양자가 된 것과 그리스도의 보혈에 의한 속죄와 성령에 의한 성화를 고백해야 한다. 물론 예배에 빠지지 않으며 자신을 하나님께 구별해서 드리는 삶이 있어야 한다. 이렇게 신앙고백과 생활을 증거함으로 세례를 받고, 교회의 회원이 되고, 영적 특권을 누리게 된다.

유아세례

유아세례는 부모의 신앙고백(행 16:15)을 통해서 유아에게 베푸는 것으로, 그들을 부모와 동일시해 거룩함으로 부르신 것으로 보는 것이다(엡 6:1-4). 이는 예수님이 아이들도 교회의 회원이 될 수 있게 하신 것(마 19:14; 눅 18:16)을 근거로 한다. 유아가 세례를 받음으로 성령의 거룩하게 하심과 중생의 중요성을 증거한다.

48주 주의 성찬

질문 96. 주의 성찬이 무엇입니까?

답 | 주의 성찬은 성례이며, 그리스도께서 정하신 대로 떡과 포도주를 주고받음으로써 그리스도의 죽으심을 나타내 보이는 예식입니다. 주의 성찬을 합당하게 받는 사람은 육체와 정욕을 따라서가 아니라 믿음으로 받고, 그리스도의 몸과 피에 참여해 그분의 모든 유익을 받아 신령한 양식을 먹고 은혜 안에서 자라 갑니다.

질문 97. 주의 성찬을 합당하게 받기 위해서는 무엇이 요구됩니까?

답 | 주의 성찬을 합당하게 받기 위해서는 자신이 주의 몸을 분별하는 지식이 있는지, 주님을 양식으로 삼는 믿음이 있는지, 회개와 사랑과 새로운 순종의 마음을 지녔는지를 점검해야 합니다. 만약 합당하지 않게 참여하면

자신에게 임할 심판을 먹고 마시게 됩니다.

해 설

주의 성찬

성찬을 '주의 만찬'이라 하기도 하며(고전 11:20), '주의 식탁'(고전 10:21), '성만찬'(고전 10:16), '축복의 떡과 잔'(고전 10:16)이라고도 한다. 성찬은 유월절 제사와 긴밀하게 관련되어 있는데, 복음의 의미를 더욱 분명하게 나타내는 것이다(마 26:26; 고전 11:23). 이것은 유월절 양의 피로 애굽에서 건지심을 기념하며, 그리스도의 보혈로 인한 죄 사함을 나타낸다. 그리스도께서는 우리의 유월절 희생양이시다(고전 5:7).

요소들

성경에서 떡은 영양을 공급해 우리의 생명을 유지시켜 주는 것이다(마 6:11). 그리스도께서는 만나에 대해서 언급하셨다(요 6:50). 그리스도의 몸은 우리의 영적인 삶을 유지시켜 줄 뿐만 아니라 영원토록 지속시켜 준다(요 6:32-58).

포도주는 성경에서 기쁨을 상징한다. 유대인들은 가족 모임이나 사회적인 모임에서 포도주를 사용했다(요 2:3). 그리고 감사 제사를 드릴 때 포도주를 사용했다(출 29:40).

물론 포도주는 슬픔과 고난을 상징하기도 한다(렘 25:15; 사 51:17; 계 14:10). 그리스도께서 우리의 죄를 짊어지고 고통받으며 피를 흘리셨기에 우리는 주의 성찬을 통해서 구속에 대해 감사하는 것이다.

그리스도께서는 주의 성찬을 제정하실 때 먼저 떡과 포도주에 축복하셨다(마 26:26-28; 고전 11:23-29). 그리스도께서는 자신의 몸과 피를 나타내려고 일반적인 용도에서 거룩한 용도로 구별하셨다. 그리스도께서 떡과 포도주에 축복하신 것은 구원이 성취되었다는 것을 나타낸다(고전 10:16-17; 갈 3:1). 떡을 떼고 포도주를 붓는 것은 우리의 죄가 용서되었다는 것을 나타낸다.

우리는 떡과 포도주를 받는다. 이때 받는다는 것은 믿음으로 그리스도의 구원을 기꺼이 받아들인다는 것과 하나님의 구속의 은혜를 거저 받는 것임을 기억하게 한다. 그리고 우리에게 그리스도의 구원이 필요하다는 고백이며, 죄의 용서와 영적인 삶과 성장에 있어서 그리스도를 전적으로 의지한다는 고백이다.

또한 주의 성찬을 함께 취함으로써 그리스도 안에 우리가 연합되어 있다는 것을 인식하게 해준다. 그리스도인들이 서로 사랑하고, 그리스도를 섬기기 위해 협력해야 한다는 것을 깨닫게 된다(고전 10:16-22). 예수님은 성찬을 마치고 함께 노래를 부르셨다(마 26:30). 그리스도 안에서 연합을 경험하신 것이다.

합당하게 받는 것

주의 성찬에 참여하는 것은 교회의 회원으로서 특권과 의무이다. 그러나 주의 성찬에 참여하려면 몇 가지 영적 자질이 요구된다. 특별히 주의 성찬을 취하는 자들은 회심한 자여야 한다. 그들의 신앙고백이 삶과 일치되어야 한다. 따라서 주의 성찬을 취하는 자는 구원의 계획에 대한 지식이 있어야 한다. 자신이 형편없는 죄인인 것과 구속자가 필요하다는 것과 그리스도의 죽음의 효력과 용서를 제공하시는 것에 대한 지식이 있어야 한다. 또한 개인적인 신앙고백이 있어야 한다. 그리스도를 개인의 구주로 받아들여야 한다. 구원을 위해 오직 그리스도만 의지하며, 그리스도를 사랑하고, 그분께 순종해야 한다. 그리고 주의 몸을 분별할 수 있는 능력이 있어야 한다. 주의 성찬이 상징하는 것을 알고 있어야 하며, 성령의 역사에 의한 효과를 알고 있어야 한다.

따라서 무지한 자와 도덕적으로 문제가 있는 자들은 주의 성찬을 받을 수 없다. 세례를 받았다 하더라도 신앙고백에 따라 살지 않는 자들은 회개의 증거가 있기까지 성찬을 받는 것을 유보해야 한다(갈 6:1; 고전 5:11; 마 18:17).

자기 점검

주의 성찬에 참여하는 자에게는 자기 점검이 요구된다. 자기 점검이란 자신의 영적 상태를 엄격하게 스스로 돌아보는 것을 말한다(고후 13:5). 주의 성찬에 자신이 합당한지를 살피는 것이다. 자신의 심령에 악한 것이 있는지의 여부를 점검하고, 혹은 자신이 악한 자들과 함께 있으면서 죄악의 일을 도모하고 있는지를 스스로 점검하는 것이다(시 139편). 그리고 자신에게 영적으로 무엇이 부족한지를 점검하고, 스스로 은혜의 증가를 얼마나 사모하고 있는지의 여부도 확인하는 것이다.

49주 기도

질문 98. 기도가 무엇입니까?

답 | 기도는 그리스도의 이름으로 우리의 소원을 하나님께 드리는 것인데, 하나님의 뜻에 일치하는 것을 구하고, 우리의 죄를 고백하고, 하나님의 자비를 인정하면서 감사하는 것입니다.

해 설

특권

아담은 죄를 짓기 전에 하나님과 완전하고 자유로운 교제를 가졌는데, 그것은 특권이었다. 그러나 타락함으로 그 특권을 잃어버렸다. 하지만 그리스도에 의한 구원의 약속과 성취로 인해 그 특권이 회복되었다. 그 특권을 믿음으로 누릴 수 있게 되었다. 성례가 그리스도의 임재하심을 나타낸다면, 기도는 그분과 교제하는 것을 나타낸다.

누구에게 기도하는가?

기도는 오직 하나님께만 드려지는 것으로(시 5:2-3), 하나님께 드리는 예배의 행위이다(마 4:10). 하나님만이 자연과 피조물을 시간과 영원 속에서 다스리신다. 하나님만이 모든 곳에 편재하시며, 홀로 우리를 보전하시고, 보호하시고, 이 땅에서 일시적인 것들이지만 필요한 것을 공급해 주시며, 구속의 유익들을 충만하게 부여하시기 때문에 오직 하나님께만 기도를 드리는 것이다(골 1:16; 마 10:29-30; 엡 3:14-19). 오직 하나님께만 기도를 드리는 또 다른 이유는 그분만이 우리의 기도에 응답하실 수 있기 때문이다.

기도와 삼위 하나님

우리는 개인적으로 하나님께 말씀을 드림으로 기도한다. 우리는 기도 속에서 삼위 하나님 각 위와 특별한 관계를 가지게 된다. 우리는 하늘에 계신 아버지께 기도한다(마 6:9). 우리는 우리의 제사장이신 그리스도께 가까이 나아간다(히 10:21-22). 그리고 성령의 인도하심과 위로하심을 받는다(살후 3:5). 우리는 오직 그리스도에 의해, 성령을 통해 아버지께 나아갈 수 있다(엡 2:18). 성령은 우리가 기도할 것을 가르치신다. 아들은 우리의 간구를 보증해 주시고, 아버지께서는 우리가 구하는 것을 허락하신다. 따라서 우리는 기도하러 하나님께 나아갈 때 협상하러 나아가는 것이 아니며, 하나님께 굴복되는 것이다.

기도의 태도

하나님의 뜻과 성품에 일치해 하나님께 나아가야 한다. 하나님의 권위와 능력과 사랑을 인식하고 나아가야 한다. 그래서 하나님께 우리의 죄를 고백해야 한다(시 32:5-6; 눅 18:13). 그리고 하나님이 우리를 용서하시고 깨끗이 하실 것을 인식해야 한다(요일 1:9). 하나님의 자비를 인정하면서 감사의 마음을 가지고 나아가야 한다(빌 4:6).

하나님의 지혜와 우리의 무지를 인정하고, 우리가 무엇을 구하는지를 알고, 하나님이 우리가 구하는 것에 더 나은 것으로 응답하실 것을 기대해야 한다(고후 12:8-9). 그리고 하나님의 사랑을 구해야 한다. 우리를 불쌍히 여겨 주실 것과 우리에게 진정으로 선한 것이 성취되도록 기도해야 한다(눅 11:13; 롬 8:28; 히 4:15).

그리스도의 이름으로 기도하는 것

그리스도의 이름으로 기도하는 것은 우리의 기도를 하나님이 받으시고 응답하시기를 바라며 그리스도만을 의지하는 것을 의미한다(엡 3:12). 우리는 그리스도와 연합되어 있기 때문에 그분의 유익들을 가지고 하나님께 호소할 수 있다. 우리는 그리스도 안에서 하나님의 자녀로서 그분의 사랑과 특권과 유업을 요구할 수 있다(요 14:13, 16; 엡 3:12).

성령 안에서 기도하는 것

성령 안에서 기도하는 것은(엡 6:18) 성령이 우리의 필요를 알게 하시며(시 51:10-11), 하나님의 뜻을 드러내시고(사 30:18; 시 65:2), 우리를 하나님께 쏟아붓게 하시는 것이다(슥 12:10; 엡 2:18).

그리고 성령은 우리 안에 합당한 소망을 일으키신다(롬 8:26). 또한 성도들을 위해 간구하신다(롬 8:27).

기도의 효력

기도의 효력은 그리스도를 의지하는 것에 있다. 반드시 믿음이 있어야 한다. 우리의 기도의 응답은 직접적인 것이다. 하나님은 기적으로 응답하실 수 있다. 하나님은 간접적인 기도의 응답으로서, 사람들의 마음에 성령의 강력한 영향력을 행사하시어 그들의 행동들을 조정해 응답하신다(단 4:5).

50주 주기도문 서문

질문 99. 하나님이 우리에게 주신 기도의 지침이 무엇입니까?

답 | 하나님의 말씀 전체가 우리의 기도를 지도하기에 유용합니다. 다만 특별한 지침은 그리스도께서 제자들에게 가르쳐 주신 '주기도문'이라 부르는 기도입니다.

질문 100. 주기도문의 서문이 우리에게 가르치는 것이 무엇입니까?

답 | "하늘에 계신 우리 아버지여"라는 주기도문의 서문은 우리를 도우실 수 있고, 또 도울 준비가 되어 있으신 아버지께 나아가는 자녀들로서 거룩한 경외심과 확신을 가지고 하나님께 나아갈 것을 우리에게 가르칩니다. 또한 우리가 다른 사람과 합심해서 기도하고 다른 사람을 위해 기도할 것을 가르칩니다.

해 설

하나님의 말씀 전체

기도는 하나님과 대화를 나누는 것이다. 우리는 하나님과 대화하기에 앞서 하나님의 속성과 뜻에 대해서 반드시 알아야 한다. 그리고 우리의 성품과 우리가 필요로 하는 것들도 알아야 한다.

그러나 우리는 죄로 인해 하나님과 멀어졌고, 우리의 마음은 어두워졌다. 그래서 우리는 하나님에 대해서 바른 이해를 가지고 있지 못하며, 심지어 우리 자신에 대해서도 정확한 지식이 없다. 그러나 하나님의 말씀은 하나님을 아는 지식을 주고, 성령의 깨닫게 하심으로 우리로 하나님께로 나아가도록 격려한다. 성경은 우리에게 필요한 지식을 제공한다.

하나님의 말씀에는 약속이 있다. 그래서 우리는 그 약속을 믿고 기도하는 것이다. 호세아 선지자는 말씀을 가지고 기도하라고 말했다(호 14:2). 그리고 성경은 수많은 믿음의 사람이 어떻게 기도했으며, 하나님으로부터 어떻게 응답받았는지를 보여 준다(창 18:23-33, 24:12-19; 단 2:18-19; 행 12:5, 7-11; 약 5:17-18). 그래서 하나님의 말씀 전체가 우리에게 기도의 지침이 된다.

특별한 지침

예수님은 특별히 제자들에게 기도의 지침을 주셨다(마 6:9-13; 눅 11:2-4). 주께서 가르치신 기도이기 때문에 이것을 '주기도문'이라고 부른다. 주기도문은 매우 단순하면서 포괄적이며, 기도의 방법을 보여 준다. 성령 안에서 기도해야 하며, 하나님과의 관계 속에서, 그리고 교회 안에서 우리가 기도해야 할 것을 보여 준다. 우리는 개인적으로, 혹은 은밀한 기도를 드리지만, 주기도문은 하나님의 백성이 연합해 함께 기도하라고 말한다. 예배 가운데 기도드리며, 모든 이에게 필요한 것을 함께 기도하는 것이다. 그리고 하나님을 우리의 아버지라고 부르면서, 그리스도의 나라에 굴복된 신하로서, 성령에 의해 그분의 이름이 영광되도록 기도해야 한다.

서문

기도는 하나님께 드리는 것이다. 따라서 마땅히 하나님의 주권과 위엄과 은혜를 인식하는 가운데 경외하는 마음으로 드려야 한다. 기도를 드리는 자는 반드시 하나님이 하늘에 계신 것과 우리는 땅에 있다는 것을 기억해야 한다(시 11:4, 123:1). 그러나 하나님은 우리의 아버지이시며, 우리를 사랑하시고, 우리와 교통하기를 즐거워하시며, 우리가 구하는 것을 주실 준비가 되어 있다는 사실을 알아야 한다(눅 11:13; 롬 8:15). 따라서 하나님께 기도드릴 때는 가장 겸손한 마음으로 드리게 된다. 또한 하나님이 우리를 도우실 수 있고, 기꺼이 해주리라고 확신할 수 있다(눅 11:13; 시 84:11; 빌 4:19).

우리 아버지

하나님은 우리를 자신의 자녀가 되게 하셨다(요 1:12; 약 1:18). 이는 구약에서도 마찬가지이다(사 63:16). 우리는 그리스도 밖에 있을 때에는 외인이었지만(엡 2:12; 골 1:21), 그리스도 안에서는 하나님의 자녀들이 되었다(갈 3:26, 4:5; 엡 1:5). 우리는 하나님의 자녀로서의 특권을 누릴 수 있으며, 유업을 받을 수 있다(요 20:17; 롬 8:17, 29).

하나님은 우리 영혼의 아버지이시다(히 12:9). 따라서 마땅히 아버지께 기도해야 한다(렘 3:4). 부르짖는 기도를 드려야 한다(갈 4:6). 하나님은 하늘에 계시기 때문에 우리는 경외함으로 기도해야 한다(애 3:41; 딤전 2:8). 하나님은 하늘에 계셔서 그 무엇이든 하실 수 있으시며, 우리가 구하는 것 이상으로 행하실 수 있다고 생각해야 한다(엡 3:20). 우리는 확신을 가지고 기도해야 한다(엡 3:12). 우리 아버지께서 모든 것 위에 뛰어나신 분이심을 기억해야 한다(요 10:29).

사람들을 위한 기도

우리는 하나님의 자녀들과 연합되어 있다. 따라서 우리는 하나님께 기도할 때 같은 마음으로 합심해 기도해야 한다(행 12:12). 그리고 그리스도 안에서 함께 형제가 된 성도들을 위해서 기도해야 한다(요일 4:21). 성도들이 주 안에서 그리스도의 장성한 분량이 충만한 데까지 이르도록 기도해야 한다(엡 4:13). 또한 왕과 주권자들을 위해 기도해야 하며(딤전 2:1-3), 복음 사역자들을 위해 기도하고(롬 15:30), 영적인 추수를 위해서 기도해야 한다(마 9:38).

51주 첫째, 둘째, 셋째 간구

질문 101. 첫째 간구에서 우리는 무엇을 구합니까?

답 ㅣ "이름이 거룩히 여김을 받으시오며"라는 첫째 간구에서 우리는 하나님이 자신을 나타내시는 모든 일에서 우리가 그분을 영화롭게 할 수 있기를, 또 모든 것이 그분의 영광에 이를 수 있도록 처리해 주시기를 구합니다.

질문 102. 둘째 간구에서 우리는 무엇을 구합니까?

답 ㅣ "나라가 임하시오며"라는 둘째 간구에서 우리는 사탄의 왕국이 파괴되고, 은혜의 왕국이 진전되어 우리 자신과 다른 사람들이 그리로 들어가 거하고, 또 그 영광의 나라가 속히 오게 해주시기를 구합니다.

질문 103. 셋째 간구에서 우리는 무엇을 구합니까?

답 | "뜻이 하늘에서 이루어진 것같이 땅에서도 이루어지이다"라는 셋째 간구에서 우리는 하나님이 은혜를 베푸셔서 우리가 자원하는 마음으로 마치 하늘의 천사들처럼 모든 일에 하나님의 뜻을 알며, 순종하고, 굴복할 수 있기를 구합니다.

해 설

하나님의 이름

하나님의 이름이란 하나님의 성품과 속성, 그리고 말씀과 사역 속에 나타난 특징을 말한다.

"거룩히 여김을 받으시오며"라는 말씀의 의미는 이미 거룩하신 분으로서 따로 구별되셔야 함을 뜻한다. 자신의 영광을 드러내시는 것은 하나님의 모든 사역과 계시 가운데 그분의 유일한 목적이며, 이것은 인간의 가장 중요한 목적이다. 따라서 우리는 가장 먼저 하나님의 영광을 원해야 한다(벧전 4:11).

하나님의 이름이 모독당하는 경우

하나님의 이름이 모독당하는 경우는(시 74:18, 22; 사 52:5; 롬 2:24) 죄로 인해 하나님의 창조가 더럽혀지고(롬 8:20), 그분의 섭리가 부정되며(시 73:11; 벧후 3:4), 하나님의 구원의 계획이 조롱당하며(고전 1:23), 예수 그리스도께서 거절당하시며(사 53:3; 마 21:39; 행 3:13), 하나님의 교회가 핍박당할 때이다(시 2:2).

하나님이 자신을 변호하실 것이며, 그분의 아들을 영화롭게 하시고, 그분의 권위를 다시 세우고 높이실 것이다(요 5:23; 엡 1:20, 23).

하나님이 자신의 영광을 나타내시는 곳

하나님은 구원의 계획 속에서 자신의 영광을 드러내시며(롬 16:25-26), 그리스도 안에서 나타내시고(요 1:14; 히 1:3), 백성의 삶에서 드러내신다(마 5:16; 고전 14:25). 그리고 그분의 은혜는 모든 사람으로 하여금 영광을 돌리게 하고, 마땅히 드려야 할 예배를 드리게 한다(엡 3:16-21). 우리가 예배할 때 하나님은 자신의 영광을 나타내신다(시 86:9). 그래서 우리는 우리가 하나님을 영화롭게 할 수 있도록 기도해야 한다. 입술로, 삶으로 주를 찬양해야 한다(시 142:7).

하나님 나라의 진전

사탄의 왕국은 '이 세상의 신'이라고 불리는 것으로, 하나님 나라가 진전됨으로 파괴된다(요 12:31; 고후 4:4). 그리스도의 왕국의 목적은 마귀의 권세를 파괴시키는 것이며(계 12:9-10), 포로 된 자를 자유롭게 하고(눅 4:18), 그리스도를 섬기고 영화롭게 할 백성을 모으는 것이다(행 15:14; 엡 1:10; 벧전 2:9).

그리스도의 교회를 영화롭게 하는 것은 유대인과 이방인 모두를 온 땅에 확산되게 해 거룩을 드러내는 것이다(롬 10:12; 엡 5:26-27). 이것은 사탄의 분노가 있을지라도 성취되는 것이며(계 12:12), 국가의 반대가 있더라도 성취되고(시 2:1; 행 4:24-30), 결국 영적인 영향력을 주게 되어 있다(요 16:4-11; 고후 10:4).

은혜의 왕국은 첫 번째 약속과 함께 시작되었으며(창 3:15), 아브라함에게서 갱신되었고(창 12:1-3), 모세 아래에서 나라들 사이에서 그 능력이 드러났으며(출 3:6-10), 그리스도에 의해 하늘나라로서 영적이며 우주적인 왕국으로 발전되었다(마 4:16-17; 요 18:36-37). 우리는 하나님 나라가 모든 피조물 위에 권세로 임하기를 기도해야 한다(막 9:1; 행 1:8). 그리고 하나님 나라가 완성되기를 기도해야 한다(마 25:34, 26:64; 눅 22:16).

하나님의 뜻

주기도문의 셋째 간구에서 '하나님의 뜻'은 문맥상 '교회를 향한 하나님의 뜻'이다. 교회는 단지 외적인 조직이 아니라 영적인 기관이다(엡 1:10, 22-23). 교회는 교리에 있어서 순수해야 하며, 거짓 교사들을 금해야 하며, 이단을 정죄해야 하고, 하나님의 전체 경륜에 대해서 선언해야 한다(계 2-3장).

교회는 그리스도께 충성해야 하며(행 5:29-31; 엡 4:15), 진리에 순종해야 하고, 성령의 은사들로 풍성해야 한다(엡 1:3, 3:16). 그리고 그리스도의 일에 열심을 다해야 한다(딛 2:14).

각 그리스도인들에 관한 것은 죄와 유혹과 남아 있는 부패성을 정복하고(마 5:48; 골 1:12; 벧전 1:15), 성품의 모든 영역에서 거룩하며(살전 5:23), 성령의 은사들을 구비하고(딤후 3:17), 섬김으로 사랑을 나타내기를 열심히 하며(요 14:15; 행 9:6), 그리스도를 위해 즐거이 고난받는 것이다(행 5:41; 고후 12:10; 빌 1:29).

셋째 간구에서 우리가 기도해야 하는 것

우리는 그리스도의 나라가 진전되어 하나님이 영화롭게 되시도록 기도해야 한다. 모든 사람이 그리스도의 이름 앞에 무릎을 꿇을 때까지 이

기도를 계속 드려야 한다. 우리 자신이 하나님을 영화롭게 하도록 그리스도께 굴복하고, 완전히 하나님의 뜻에 일치하는 삶을 살 수 있도록 기도해야 한다. 하나님의 위대한 일에 도구가 되도록 기도해야 한다.

52주 넷째, 다섯째, 여섯째 간구

질문 104. 넷째 간구에서 우리는 무엇을 구합니까?

답 | "오늘 우리에게 일용할 양식을 주시옵고"라는 넷째 간구에서 우리는 하나님의 값없이 주시는 선물로서 이 세상의 좋은 것들을 풍성히 받고 그분의 축복을 누릴 수 있기를 구합니다.

질문 105. 다섯째 간구에서 우리는 무엇을 구합니까?

답 | "우리가 우리에게 죄지은 자를 사하여 준 것같이 우리 죄를 사하여 주시옵고"라는 다섯째 간구에서 우리는 그리스도의 은혜로 하나님이 우리의 모든 죄를 값없이 용서해 주시기를 구합니다. 우리가 그렇게 간구할 용기를 얻는 것은 그분의 은혜로 우리가 다른 사람들을 진심으로 용서할 수 있기 때문입니다.

질문 106. 여섯째 간구에서 우리는 무엇을 구합니까?

답 | "우리를 시험에 들게 하지 마시옵고 다만 악에서 구하시옵소서"라는 여섯째 간구에서 우리는 하나님이 우리를 지켜 주셔서 우리가 죄의 유혹에 빠지지 않게 해주시고, 시험을 당할 때 우리를 돌보시며 건져 주시기를 구합니다.

질문 107. 주기도문의 결론이 우리에게 가르치는 것이 무엇입니까?

답 | "나라와 권세와 영광이 아버지께 영원히 있사옵나이다. 아멘"이라는 주기도문의 결론은 우리가 기도할 때 오직 하나님으로부터 용기를 얻고 나라와 권세와 영광을 하나님께 돌리며 찬양할 것을 가르칩니다. 또한 우리의 기도를 들어주신다는 바람과 확신의 표시로 우리는 "아멘"이라고 합니다.

해 설

우리

넷째 간구에서 '우리'라는 복수가 사용되었다. 이 간구는 홀로 하는 간구가 아니라 공동의 필요를 위해서, 상호의 책임감을 가지고, 동정하는 마음으로 기도하는 것을 의미한다.

일용할 양식

일용할 양식은 우리가 이 땅에 있는 동안에 일시적으로 필요로 하는 모든 축복이다. 우리가 필요로 하는 것에 대한 지식에는 한계가 있다. 그렇기 때문에 우리가 진정으로 필요로 하는 것에 대한 하나님의 지식이 필요하다(약 4:15; 딤전 4:4-5). 우리의 필요에는 모든 영적인 은혜가 포함된다(엡 6:11-12). 우리의 필요는 절대적이고 지속적이다. 그래서 매일 간구해야 한다. 하나님의 약속은 지속적이며 풍성한 것이다. 하나님의 은혜가 없다면 우리는 삶을 지속할 수 없으며, 은혜 안에서 자랄 수도 없고, 유혹에 대해 저항할 수도 없고, 봉사를 할 수도 없다. 하지만 은혜가 있다면 우리는 모든 것을 할 수 있다(시 19:13; 요 15:5).

용서에 대한 간구

다섯째 간구는 넷째 간구와 연결되어 있다. 우리는 죄의 힘 아래에 있으며, 오염된 상태이기 때문에 일용할 양식을 위해 기도하는 것과 같이 매일 용서가 필요하다(시 130:3; 마 3:11; 롬 6:16; 히 12:8). 또한 우리는 죄인으로서 하나님 앞에 무가치한 자들이기 때문에 매일의 용서가 필요하다(사 6:5). 우리는 죄로 인해 자격이 없는 자들이기 때문에 반드시 그리스도의 은혜를 증거해야 하고(고후 5:9), 은혜로 다른 사람에게 영향을 끼쳐야 한다(딤전 1:15).

다른 사람을 용서

우리가 서로 용서해야 하는 이유는 이것이 하나님 나라의 법이기 때문이다(마 5:44, 6:14). 그리고 우리는 그리스도 안에 연합되어 있으며, 교회의 회원 간에는 차이가 없기 때문이다(고전 12:25, 27). 우리는 계속적으로 다른 사람을 공격하고, 다른 사람으로부터 공격을 받는다. 그러나 그리스도께서는 우리의 넘치는 빚을 용서해 주셨고, 서로 사랑하라고 명령하셨다(마 18:27, 33-35).

이 기도에서 우리가 다른 사람을 용서해 준 것이 우리가 하나님으로부터 용서받는 근거가 된다는 것을 의미하지는 않는다. 다른 사람을 용서해 주는 것은 은혜의 증거이며 효과이다. 하나님의 용서는 항상 완전하다. 그러나 우리의 용서는 언제나 불완전하고, 주저하며, 부분적이다. 따라서 하나님이 우리를 용서해 주셨다면 우리는 반드시 다른 사람을 용서하고자 해야 한다(요일 1:9-10, 3:14).

유혹으로부터 건짐

여섯째 간구도 다섯째 간구와 연결되어 있다. 우리는 계속해서 유혹을 받는다. 그래서 죄의 유혹으로부터 건짐을 받기 위해 기도해야 한다(마 26:41). 우리는 매일 유혹을 받을 때 우리의 연약함을 깨닫고, 실패해 죄를 짓지 않도록 기도해야 한다(시 39:10-13; 눅 22:40).

죄의 유혹은 세상과 마귀와 육신으로부터 받는다. 유혹의 힘이 강하기 때문에 우리는 하나님께 유혹으로부터 지켜 달라고 기도해야 한다. 이 간구가 함축하고 있는 것은 우리가 받는 유혹도 하나님의 조정하심 아래에 있으며, 우리를 유혹하는 자는 결국에는 망한다는 것이다(계 20:2).

주기도문의 결론

주기도문의 결론은 이 모든 기도를 들으시고 응답하시는 이는 오직 하나님뿐이시라는 것이다. 우리에게는 기도 응답의 근거가 결코 없다는 것을 확실히 하는 것이다. 모든 능력이 하나님께 있으며(마 28:18), 그분의 영광을 위해 목적이 있는 것이다(롬 9:23).

　그래서 우리는 어린아이와 같이 계속해서 하나님을 찬양하며, 하나님의 자비를 구하고, 우리가 가는 순례의 길에서 실망하지 말고, 하나님 나라의 진전을 위해 기도해야 한다. 또한 그리스도께서 우리를 영원토록 다스려 주시기를 기도해야 한다. 그리고 우리의 기도를 하나님이 들어주시기를 간절히 소망해야 한다(렘 11:5).

사명선언문

너희가 흠이 없고 순전하여……세상에서 그들 가운데 빛들로
나타내며 생명의 말씀을 밝혀 _ 빌 2:15-16

1. 생명을 담겠습니다
만드는 책에 주님 주신 생명을 담겠습니다.
그 책으로 복음을 선포하겠습니다.

2. 말씀을 밝히겠습니다
생명의 근본은 말씀입니다.
말씀을 밝혀 성도와 교회의 성장을 돕겠습니다.

3. 빛이 되겠습니다
시대와 영혼의 어두움을 밝혀 주님 앞으로 이끄는
빛이 되는 책을 만들겠습니다.

4. 순전히 행하겠습니다
책을 만들고 전하는 일과 경영하는 일에 부끄러움이 없는
정직함으로 행하겠습니다.

5. 끝까지 전파하겠습니다
모든 사람에게, 땅 끝까지, 주님 오시는 그날까지
복음을 전하는 사명을 다하겠습니다.

서점 안내

광화문점 서울시 종로구 새문안로 69 구세군회관 1층
02)737-2288 / 02)737-4623(F)

강남점 서울시 서초구 신반포로 177 반포쇼핑타운 3동 2층
02)595-1211 / 02)595-3549(F)

구로점 서울시 동작구 시흥대로 602, 3층 302호
02)858-8744 / 02)838-0653(F)

노원점 서울시 노원구 동일로 1366 삼봉빌딩 지하 1층
02)938-7979 / 02)3391-6169(F)

일산점 경기도 고양시 일산서구 중앙로 1391 레이크타운 지하 1층
031)916-8787 / 031)916-8788(F)

의정부점 경기도 의정부시 청사로47번길 12 성산타워 3층
031)845-0600 / 031)852-6930(F)

인터넷서점 www.lifebook.co.kr